중세는 정말 암흑기였나

차례

Contents

제1부 중세에 대한 편격 넘어서기

일상의 편견

한 시대·사회에 대한 규정은 그 시대를 이해하는 데 커다란 도움이 된다. 그에 사용되는 언어들은 그 원래의 문자적 의미를 넘어 일종의 상징으로서 그 시대의 특징에 관해 더할 나위 없이 강렬한 이미지를 전해준다. 그 시대·사회에 대한 이해는 그러한 상징적 느낌을 바탕으로 시작될 수 있을 것이다. 그런 의미에서 그 규정은 그 시대·사회로 들어가는 길잡이 역할까지 해준다.

물론 한 시대를 통틀어 한 마디로 규정하는 것은 그다지 흔한 일도, 쉬운 일도 아니다. 어쩌면 불가능한 일일 수도 있다. 대체로 한 시대의 규정은 학문적 관점 따위의 특정 측면이나 관심에 따라 주어지기 마련이고, 그에 따라 여러 측면들에 입각한 복수의 규정이 가능하기 마련이다. 경우에 따라서는 하나의 측면에 입각해 있음에도 불구하고 동일한 시대에 대해 서로 다른 규정이 맞서곤 한다. 누가 규정했는가의 문제도 있다. 에드워드 사이드의 1978년 저작인 『오리엔탈리즘』은 비유럽, 특히 아랍권에 대한 유럽 기준의 규정이 지닌 편향성과 자의성에 대한 비판을 수면위로 부각시킨 단적인 예다. 어쨌든 한 시대가 한 가지 특징만으로 규정될 수 있다고 생각하는 것은 아집에 가까운 생각이 아닌가 싶다.

이런 생각이 그다지 틀린 것이 아니라면, 서양 중세라는 시대는 상당히 독특한 경우라고 할 수 있다. 하나의 규정이 그 시대 전체를 특징지을 뿐 아니라, 어쩌면 그것이 우리가 알고 있는 유일한 규정이기까지 하다. 암흑시대(Dark Age)라는 규정이 바로 그것이다.

암흑시대, 중세를 가리키는 그 표현의 원래 의도가 무엇이든, 사람들이 그로부터 어떤 이미지를 떠올리든 이 규정이 주는 인상은 무어라 표현하기 어렵다. 필자의 개인적인 느낌을 말하자면, 그것은 얼핏 암울한 시대와 비슷하지만, 그와는 사뭇 다르기도 하다. 암울한 시대라는 표현은 시지프스의 신화처럼 비전과 희망을 빼앗긴 삶일지언정, 고뇌와 번민과 억압으로 점철된 삶일지언정, 인간적인 숨결과 체취를 풍기는 삶의 비장한 역동성을 떠올릴 수 있다. 또한 그 암울함은 모종의 힘에 의해 야기된 것이기에, 그 힘에 저항하고 극복하려는 유·무형의 영웅적 투쟁도 상정해 볼 수 있다.

하지만 암흑시대라는 표현은 왠지 공허를 느끼게 한다. 그것은 억압하는 적극적 힘에 의한 것이 아니라 빛의 부재로 야기되는 끝 모를 심연이자 나락이다. 그에 저항하는 것은 영웅적 투쟁이 아니라 부질없는 허우적거림에 불과하다. 볼 수도 없고 메아리치지도 않는 그것은, 삶의 흔적은커녕 망자들의 배회마저도 허용하지 않는 절대 죽음의 표상처럼 다가온다. 그래서인지 암흑시대라는 상징어는 그것이 대변하는 중세라는 시대 앞에서 어찌할 수 없는 무기력감을 느끼게 해준다. 극복과 예방의 대상인 암울함은 그 이유나 원인에 대한 물음을 유발하지만, 아무것도 없는 텅 빔을 연상케 하는 암흑은 아무 궁금증도 유발하지 않는다. 아니, 오히려 모든 궁금증을 잠재우는 역할마저 한다.

너무 극단적인 표현일 수도 있다. 그러나 변명의 여지가 없는 것은 아니다. 강의든 토론이든 아니면 일상의 대화에서든, 중세철학 전공자로서 '암흑'이라는 표현에 예민할 수밖에 없는 필자의 귀에 포착된 많은 사람들의 무심결의 — 그렇기 때문에라도 그 무의식 가운데 매우 완고하게 자리잡은 — 언설들은 대부분 그와 같은 막막함을 다양하게 표현한 것에 지나지 않아 보였기 때문이다.

어쩌면 중세는 정말 암흑기였는지도 모른다. 오히려 내가 틀렸는데도 고집을 부리는 것일 수 있다. 하지만, 만약 그렇다면 서구사회에서 오늘날까지 끊임없이 이어지고 있는 중세 연구는 도대체 무엇인가? 적지 않은 대학들, 그것도 유명 대학들에 설치되어 있는 중세연구소들은 가진 자들의 지적 사치에 불과한가? 중세의 수도원들이 그랬듯이 그것은 단지 학문 혹은 역사의 보존이라는 의미만을 지닌 것인가? 그들의 역사, 그들의 과거, 그들의 유산이기 때문인가? 국내에도 최근 심심치 않게 번역·출간되는 서양 중세에 대한 연구서들은 또 무엇인가? 국내의 학자들에 의한 중세 관련 논문과 저작들도 생각처럼 작은 규모가 아니고 보면, 서양 중세에 대한 우리 나라의 연구 역시 단순한 호기심 차원에 그치는 것은 아닐 성싶다.

어떤 것이 '암흑'인 이유는 두 가지로 생각해 볼 수 있다. 우선 아무리 들여다보아도 정말 건질 게 없기 때문에 암흑일 수 있다. 하지만 어떤 것에 대해 전혀 아는 바 없기 때문에 '암흑'일 수도 있다. 전자일 경우 그것을 밝혀보려는 온갖 노력은 헛된 수고일 수밖에 없는 그야말로 심연이지만, 후자일 경우 그 암흑은 적극적으로 헤치고 밝혀야 할 극복의 대상이다. 그런데 어떤 것이 전자인지 후자인지는 그에 대한 적절한 앎에 의해 판가름 날 수밖에 없다. 그리고 그러한 판단을 내리는 데 필요한 만큼의 앎, 그리고 그에 투여되는 시간과 노력이 선행되어야 하는 것이다. 중세가 그야말로 건질 것 없는 암흑의 시대라고 판단하기 위해서는 적어도 중세에 대한 무지에서 벗어나야 한다. 그런데 우리는 그와 반대의 길, 즉 중세에 대한 무지와 무관심을 정당화하기 위해 중세를 건질 것 없는 시대로 규정하고 있지는 않은가?

물음의 설정

연대기적 관점에서 볼 때 서양의 중세는 서로마제국이 멸망한 5세기 말부터 르네상스와 종교개혁의 시대인 15~16세기에 이르는 1천여 년 이상의 세월을 일컫는다. 이토록 오랜 서양의 중세가 단지 암흑시대에 불과하다는 막연한 표상을 비판적으로 검토해 보려는 것이 이 글의 목적이다. 하지만 여기서 바로 잡으려는 것은 중세 '전체'가 암흑시대라는 규정이지, 중세 전체가 '암흑'이라는 규정은 아니다. 다시 말해 이 글을 통해 보여 주려는 것은 중세 '전체가 모든 면에서 암흑이 아닌 광명'이라는 것이 아니다. 중세 가운데 도저히 암흑이라고 치부해 버릴 수는 없는 '부분들'이 있다는 것을 보여 주려는 것뿐이다. 그것도 정치·경제·사회·문화·과학·예술 등 여러 분야와 관점들을 포괄하는 전반적인 시각에 따라서가 아니라 하나의 관점, 즉 철학적 관심에 따라 이 작업을 수행하려 한다.

여기서 '철학적 관점'이라는 것에 대해 조금 부연할 필요가 있을 것 같다. 어느 학문 분야든 각자의 역사를 다루게 마련이고, 그 역사는 그 학문의 정체성과 유기적으로 연관되어 있을 것이다. 철학도 예외는 아니다. 하지만 철학의 과거는 현재의 뿌리를 확인하고 정체성을 확립해주는 역사로서의 의미를 지닌다기보다 오히려 과거를 구성하는 그 하나하나가 바로 철학으로서의 가치를 지닌다는 데 그 특징이 있다.

하지만 철학의 과거에 대한 탐구가 의미가 있다면 그것은 베일에 싸였던 과거가 드러났을 뿐만이 아니라 어떤 식으로든 현재성을 지니기 때문에 그 의미가 있는 것이다. 그렇기 때문에 철학의 역사에서 중요한 것은 역사적 사실이 아니라 그것이 가지는 의미와 진리치이다. "만물은 물이다"라는 민망할 정도로 황당해 보이는 명제로 유명한 탈레스를 보자. 그 진술의 내용만을 따지면 박물관은커녕 내다버려도 아쉬울 것 없어 보이고, 기껏해야 당시 사람들의 사고방식을 엿볼 수 있는 고고학적 가치만을 부여할 수 있을 듯한 그가 대부분의 서양철학사에서 서두를 장식하는 이유는 무얼까? 아마도 그가 내보인 사고방식, 즉 설명되어야 할 모든 것에 예측불허의 신적인 힘을 상정하는 신화적 설명방식을 벗어나 다수성과 다양성을 단일성으로, 그것도 인과적이고 합리적인 방식으로 환원하여 설명하려는 시도였다는 데서 찾을 수 있을 듯싶다. 다양성을 단일성으로 인과적으로 환원하여 동근원적으로 이해하려는 시도는 양자역학이나 생명공학 같은 현대의 최첨단 과학이론에서도 여전히 유효한 사고방식이 아니던가. 플라톤을 몰라도 철학을 할 수 있지만, 플라톤밖에 몰라도 철학을 할 수 있다. 플라톤 철학에는 그것을 낳은 당시의 시대정신을 초월한 가치가 담보되어 있으며, 그것은 오늘날에도 여전히 유효한 것이기 때문이다.

그러므로 '철학적 관점'이라는 말로 의도하는 것은 철학의 영역 내에서 중세라는 시대가 가지는 역사적 의미의 재조명이 아니다. 오히려 중세 안에 오늘의 우리에게도 유효할 수 있는 철학적 가치가 담겨 있는가를 살펴보려는 것이다. 그러나 철학이라는 학문 영역도 꽤나 세분화될 수 있는 만큼, 그에 포함된 모든 하위영역과 문제들을 다루기에는 여러 모로 역부족이다. 그렇기 때문에 이 글에서는 우선 신앙에 입각한 신학이라는 학문에 대비되는 이성적 작업으로서의 철학이 중세에서 어떻게 이해되고 있는가를 개략적으로 살펴본 후, 중세가 정말 건질 것 없는 시대인가를 판가름하기 위한 맛보기용으로 중세 사상의 구체적 논의 가운데 한 가지 테마를 제시해 보고자 한다. 그것은 바로 인간의 가치와 관련된 인간관이다.

암흑시대라는 이미지가 나온 배경

이러한 이미지는 중세를 극복한 중세 '이후'의 시대이자 근대성의 출발로 일컬어지는 14~16세기의 르네상스 인문주의와 연관되어 있다. 르네상스 인문주의의 선구자로 알려져 있는 이탈리아의 프란체스코 페트라르카(Francesco Petrarca, 1304~1374)는 역사 속에서 인간성이 존중되고 인간 본연의 창조적 힘이 발흥되어 문화가 만개했던 행복의 시대를 그리스·로마시대에서 발견했으며, 그 유산인 고전학문의 부흥을 통해 그러한 시대가 다시금 도래할 수 있다고 믿었다. 이에 반해 페트라르카 자신이 속해 있는 시대는 앞서 존재했던 황금시대와 이후에 도래할 황금시대 사이의 중간시대(Middle Ages)이자 추악한 시대에 불과한 것으로 여겼다. 르네상스 시기를 하나의 시대로 정착시킨 스위스 역사학자 부르크하르트(Jacob Burckhardt, 1818~1897) 역시 이탈리아의 르네상스 인문주의를 중세와 철저히 대립된 정신을 담고 있는 것으로 제시한다. 일반적으로도 르네상스, 문예부흥운동은 우리에게 신학 중심의 중세 학문체계에 대한 반발이며, 그리스·로마시대의 문화를 복원·계승·발전시킴으로써 교회가 지배하는 종교적 권위 아래서 질식 상태에 있던 인간성을 회복시키기 위해 새로운 문화를 창출했던 운동으로 알려져 있다.

이처럼 인간 본연의 가치를 회복하고 존중할 것을 모토로 일어난 운동이 중세를 비판하면서 일어났다는 사실 자체만으로도 중세는 인간존중사상과는 거리가 먼 시대로 낙인찍히기에 충분하다. 게다가 용어상의 문제일 수도 있지만, 인문주의 혹은 인본주의로 번역되는 휴머니즘(Humanism)은 오늘날의 수많은 인권운동가들과 인권단체들이 궁극적으로 의존하는 개념이기도 하다. 인권운동가들이 못마땅한 눈초리로 예의 주시하는 곳은 왠지 휴머니즘적 가치가 왜곡되거나 억압된 사회라는 부정적 인상으로 다가오듯이, 15세기의 휴머니즘 운동이 딛고 일어서려는 시대가 부정적 이미지를 주는 것은 어쩌면 자연스러울 수 있다.

이런 이미지는 중세가 그리스도교 사회였다는 사실에 의해 더욱 공고해진다. 사실 서구 중세는 그리스도교를 제외하고는 거의 통일성을 부여하기 어려운 시대이다. 중세라는 시대 구분 자체가 이미 고대와 근대 사이의 간극을 메우기 위한 고민의 산물이라는 점, 그리고 그 기간이 우리의 고려시대와 조선시대를 합친 것보다도 더 오랜 세월인, 적어도 1천여 년 이상의 기나긴 세월이라는 점을 염두에 둘 때, 이 시대를 하나로 묶어줄 내적인 통일성을 기대하는 것 자체가 무리일 수 있다. 물론 기간의 오램을 들먹이며 그 시대에 어찌 굴곡이 없었겠느냐고 반문하는 것은 중세시대를 암흑시대라는 한 마디로 규정하는 것 못지않게 막연하고 자의적일 수 있다.

그러나 사실 여부야 어떻든 간에 그리스도교야말로 우리가 중세를 암흑시대라는 하나의 이미지로 묶어 표상하도록 만들어 주는 매우 효과적인 끈이다. 오늘날 가톨릭이든 개신교든 간에 그리스도교로 통칭될 수 있는 종교는 사랑의 종교일지 몰라도, 중세의 그것은 종교적 관심에서 접근하지 않는 한 세속권력을 다투면서 마녀화형과 이단 심판 등의 이름으로 인간의 자유를 억압하고 획일적 절대복종을 강요하는 표상으로 간주되곤 한다. 게다가 그 처음 동기야 어쨌든 신의 이름으로 시작된 십자군전쟁에서는 급기야 어린 소년병들을 노예로 팔아먹는 사태까지 일으키지 않았던가.

철학사를 들여다보더라도 6세기에 활동한 보에티우스(Boethius)에서 12세기의 사상가로서 캔터베리의 대주교이기도 했던 안셀무스(Anselmus)에 이르는 5백여 년 동안에 등장했던 사상가는 9세기에 활동한 아일랜드 출신 요한네스 스코투스 에리우제나(Johannes Scotus Eriugena)뿐이다. 데카르트가 활동하던 때부터 오늘까지의 기간이 400여 년에 불과하다는 것에 비해보면, 그야말로 사상가 기근 시대였다고 할 수 있다. 삶의 질도 형편없었다. 역사학자 제임스 버크(James Burke)는 8세기 중세 도시민들의 전형적인 생활양식을 기술하면서 그들은 "좁다란 골목길 가운데로 나 있는 하수도랑에 온갖 쓰레기들을 내다버렸다. 아마 그들 스스로는 익숙한 나머지 별달리 인식하지 못했을 터이지만 사방이 악취로 진동했을 것이 틀림없다. 그 지저분한 바닥은 똥과 오줌으로 범벅이 된 갈대나 밀짚으로 덮여 있었을 뿐이다"고 전한다.[1] 당시의 이슬람 문명권에 비해 서유럽은 미개하기 짝이 없었다. 가로등의 도시 런던에 가로등이 하나도 없던 9세기 초, 이슬람 지도자인 압둘라만 3세가 세운 코르도바(오늘날의 스페인 남부)는 700여 개의 이슬람 사원과 300여 개의 공중목욕탕과 인공분수, 과수로 장식된 정원에 난방시설이 갖추어진 저택들이 즐비한 50만 인구의 별천지 같은 도시였다. 이에 비해 서방 그리스도교인들의 생활상은 미개 그 자체였다고 표현해도 심하지 않을 것 같다. 하지만 이 모든 것이 인간성의 억압을 의미하는 것은 아니다. 그것이 그리스도교 때문인 것은 더더욱 아니다. 게다가 1천여 년 기간 내내 중세 전체가 그랬던 것도 아니다.

중세라는 시대를 모든 면에서 규명하려는 것이 이 글의 의도는 아닌 만큼, 이제 본 줄기로 돌아가자. 점검해 보려는 것은 철학적 관점에서 중세가 지니는 의미와 가치다. 이를 위해 신앙에 대비되는 이성에 대한 그들의 태도를 통해 중세인들에게 철학이 과연 어떤 것이었는가를 배경으로 살펴본 후, 구체적으로 신이 지배하는 세계에 관심을 둔 그들에게서 과연 인간의 존엄성과 자유 그리고 도덕성에 관한 철학적 논의를 발견할 수 있는지, 만약 있다면 그것이 우리에게 어떤 메시지를 전해주는지를 곱씹어 보려는 것이다.

미리 양해를 구할 것은, 이 글에서 중세의 사상가들로서 염두에 두고 있는 것은 그리스도교 사상가들이라는 점이다. 이것은 논의의 초점을 중세-암흑시대-그리스도교라는 통념에 맞추기 위한 것인데, 굳이 이 점을 미리 밝히는 이유는 두 가지 때문이다. 첫째, 1천여 년이 넘는 중세의 시작이 언제부터인가의 문제에서 기준으로 거론되는 것 가운데 단골로 등장하는 것은 로마제국이 멸망한 서기 475년이다. 이 기준에 충실할 경우, 아우구스티누스(Augustinus, 354~430)를 비롯하여 중세 그리스도교 사상의 한 축을 형성하고 있는 초기 교부시대의 사상가들은 대부분 중세에 속하지 않게 된다. 하지만 이들은 중세철학에서 다루어지는 것이 일반적이며, 따라서 이들을 중세인에 포함시키고자 한다. 둘째, 중세의 사상, 특히 12~14세기 대학을 중심으로 전개된 스콜라 사상은 이슬람 사상가들의 영향에서 자유로울 수 없다. 지리적으로도 이슬람 문화와 학술은 중세 유럽의 커다란 축을 이루고 있었다. 8세기에 이베리아 반도에 진출한 이슬람 세력은 15세기에 그리스도교 세력이 이슬람 최후의 보루였던 그라나다의 알함브라 궁전을 함락시킴으로써 국토회복운동(레콩키스타)을 완성할 때까지 유럽에서 찬란한 문화를 꽃피웠다. 아라비아 출신인 아비첸나(Avicenna, 아랍명 : 이븐 시나, Ibn Sina, 980~1037)와 더불어 스콜라 사상가들에게 커다란 영향을 주었을 뿐 아니라 통상 라틴아베로에즈주의자들이라 일컫는 일단의 추종자 집단을 형성시키기까지 했던 아베로에즈(Averroes, 아랍명 : 이븐 루쉬드, Ibn Rushd, 1126~1198)는 바로 스페인의 코르도바 출신이다. 중세의 사상을 이해하기 위해서는 이들에 대한 언급이 필수적이지만, 이 글에서는 의도적으로 제외하려 한다. 따라서 이후의 글은 교부시대와 스콜라 시대의 사상가들을 염두에 두고 전개된 것이며, 특히 인간에 대한 구체적 논의는 필자의 전공인 13세기의 신학자 토마스 아퀴나스(1224~1274)의 사상을 중심으로 펼쳐질 것이다. 그러나 그에 앞서 중세를 옹호하는 입장에 서서 중세 이후의 시대에 대해 한번 생각해 보고자 한다.

중세 이후 : 합리성의 시대인가?

중세에서 중세 이후로

중세는 그리스도교의 지배를 특징으로 하는 시대였다. 그렇다면 근대의 특징은 어떻게 말할 수 있을까? 중세와 차별화될 수밖에 없는 근대를 특징짓는 적극적 규정이 무엇이든 간에 그 시대는 그리스도교의 지배를 벗어난 시대라고 규정해도 무리가 없을 것이다. 서구의 중세는 그리스도교의 등장과 더불어 시작해서 그 퇴장으로 종료되었다고 보아도 크게 틀리지는 않는다. 물론 그리스도교라는 종교 자체가 중세와 더불어 서구의 역사 속에서 그 자취를 감춘 것은 아니기 때문에 그리스도교의 퇴장이란 상대적인 의미만을 지닌다. 따라서 중세를 그리스도교의 시대로, 근대를 탈그리스도교 혹은 탈신중심주의로 규정하는 것은 명쾌할지언정 전적으로 옳다고만은 할 수 없다. 거기에는 '정치적'이라는 조건이 붙어야만 한다. 정치적으로 근대는 분명 탈그리스도교, 탈신중심주의의 시대다. 그리스도교회가 정치 관여의 일선에서 후퇴했기 때문이다.

　중세의 전반기가 그리스도교의 확장에 수반된 정치세력화의 과정이었다면, 후반기의 정치사는 세속정치권을 놓고 벌어진 종교세력과 세속세력, 교황과 황제의 대결의 역사였다고 할 수 있다. 카놋사 굴욕(1077)이나 아비뇽 유수(1309~1377) 등 세계사 교과서에도 등장하는 중세의 사건들, 고위 성직자의 임명권을 놓고 신성로마제국의 황제와 교황 사이에 벌어졌던 11~12세기의 서임권 투쟁─카놋사 굴욕은 이 와중에 일어난 사건이다─은 모두 이러한 대립의 일환이다. 정치와는 전혀 무관한 한 무리의 탁발수사들이 고도의 정치적 논쟁을 일으키기도 했다. 예수 그리스도의 삶을 본받는다는 모토 하에 가난과 정결과 순명을 내세우며 모든 소유를 거부하고 구도자의 삶을 추구한 프란체스코회의 작은형제회는 황제세력으로부터 교황의 소유권 자체가 종교적으로 정당한 것이 아님을 주장하였고, 이로 인해 소위 '청빈논쟁'이라는 이론적 대립이 야기되었다. 논쟁의 핵심은 간단했다. 예수 그리스도가 짚던 지팡이와 그가 걸친 옷자락이 과연 예수 그리스도의 소유물이었는지 아니면 단지 그가 사용했을 뿐인지, 즉 소유권이 아니라 사용권만을 행사했을 뿐인지에 관한 논쟁이었다. 만약 후자라면 교황령을 비롯한 교회의 모든 재산에 대한 소유권 주장은 일시에 그 근거가 허물어지는 것이었기 때문에, 당시 세속군주와 세력 다툼을 하던 황제에게 이러한 빌미를 제공한 작은형제회는 눈에 가시 같은 존재를 넘어서 교회의 권위에 도전하는 집단으로 비쳤을 것이다. 우리에게 잘 알려진 움베르토 에코의 소설 『장미의 이름』에서 우리는 흔히 역사성과 시대성을 반영하는 고도로 지적인 추리소설의 묘미를 만끽하는데 그치지만, 그 사건의 배경이 되는 수도원에 주인공인 윌리엄 수사가 방문하는 원래의 목적은 바로 이 청빈논쟁의 단초를 제공한 작은형제회 수도사들의 이단 여부를 가리기 위해 열린 이단 심문 때문이었다. 주인공 윌리엄 수사는 이단 심판관 앞에서 이 수도사들을 변호하기 위해 그 곳에 들렀던 것이다.

정치적 관점에서 중세 후반기를 특징짓는 교황과 황제의 대립은 이론적으로 볼 때 위계질서에서의 정점은 복수일 수 없다는 관점에 따라 굴곡은 있을지언정 교황권의 아슬아슬한 우세로 이어져 왔다. 간단히 말해 세계 전체가 창조자인 신의 통치와 섭리에 종속된다는 것, 인간의 궁극적 목적은 이 지상에서의 삶에 있지 않으며, 지상의 삶의 가치는 천국에서의 삶에 위계적으로 종속되어 있다는 것, 그렇기 때문에 신의 대리자로서 인간들을 천국문으로 이끄는 지상의 수장인 교황이 지상의 모든 권위와 권력에 대해 우선권을 지닌다는 것이 속권에 대한 교권의 우위를 주장하는 중세의 근본적 세계관이었다.

이에 비해 근대 정치이론의 특징은 세속정치로부터 교회의 권위가 배제된 데에 있다. 이런 특징이 극명하게 드러난 최초의 예는 일반적으로 마키아벨리에게서 찾지만, 그 단서는 이미 『신곡』으로도 유명한 단테에게서 발견된다. 단테는 14세기 전반에 지은 자신의 또 다른 저서 『제정론 *De Monarchia*』에서 두오 울티마(Duo Ultima, 두 최고권위) 이론을 제시하는데, 여기서 핵심은 황제의 세속권이 교황권을 매개로 주어지는 것이 아니라 신으로부터 직접 유래한다는 주장이다. 교권과 속권이 상하 개념으로가 아니라 서로 영역을 달리하는 대등한 개념으로 설정된 것이다. 중세를 지배하던 단일 위계질서가 서로 병립하는 두 개의 질서로 양분되었다는 데서 단테의 두오 울티마론은 가히 혁명적이라고 할 수 있으며, 이 때문에 단테에게서 근대성의 시작을 찾기도 한다.

이것은 단지 정치이론의 영역에 국한된 것일 뿐이라고 생각해 볼 수도 있다. 신의 지상 대리인이 정치 일선에서 물러났다고 해서 신이 인간사에 더 이상 관여하지 않거나 인간이 신의 통치로부터 완전히 해방된 것은 아니기 때문이다. 그러나 인간은 이제 대리자 혹은 대리 집단을 통해 개입하는 신의 눈치를 보지 않아도 되는 영역을 확보했다. 그것은 단순히 정치에 국한되지 않고 성(聖)에 대비되는 속(俗)의 모든 영역에서 자율성에 대한 요구로 확장되었다. 신의 말씀과 명령과 판단은 여전히 중요하지만, 그것이 직접 관여하는 것은 어디까지나 성의 영역이다. 세속의 영역에 속하는 모든 담론들에서는 더 이상 신에게 동의를 구해야 할 필요가 없어졌다. 속의 영역에서 신은 군림할지언정 통치하지 않는다. 아니, 해서는 안 된다. 성, 즉 종교의 영역에서 신과 신의 말씀은 여전히 절대적이지만, 그에 입각하여 속의 논의에 개입하려는 시도는 신앙과 이성의 혼동이며 비합리적인 것이고 세속에 대한 종교의 부당한 간섭으로 간주되었다.

오늘날 우리가 접하는 여러 학문체계나 이론·담론·논쟁·견해 등에서 과연 성에 관련된 것이 얼마나 될지를 생각해 본다면, 성과 속의 분리는 그야말로 전세 역전의 발판이었음이 분명하다. 이제 인간은 인식과 가치평가의 영역에서 자신 이외의 그 어떤 권위나 기준도 발견할 수 없는 유일한 중심에 위치하게 된다. 휴머니즘 혹은 인간중심주의, 이것은 "인간이 만물의 척도"라고 외친 고대 그리스의 소피스트 프로타고라스(Protagoras)의 화려한 르네상스, 즉 부활이었다. 그 누가 소피스트를 궤변론자라고 비웃을 수 있는가? 오늘날의 우리들 모두가 알고 보면 소피스트가 아니던가?

중세 이후 합리성의 비합리성

성과 속을 엄격하게 분리한다는 점에서, 그리고 속의 논의에 대한 성의 개입을 비합리적인 것으로 몰아붙여 봉쇄하려 한다는 점에서 오늘날의 우리도 역시 중세 이후임이 분명하다. 그런데 중세 이후는 초월적 가치, 즉 신의 권위와 신적 근거를 담론의 공간에서 배제하고 인간을 그 중심에 세움으로써 새로운 난관에 봉착했다. 신에 의해 보증받던 인간의 가치마저도 그 근거를 상실하게 된 것이다. '천부인권'이라는 용어가 암시하듯, 오늘날 우리가 너무나도 당연한 것처럼 받아들이고 부르짖는 인간의 존엄성과 그에 따르는 권리 그리고 도덕적 당위성 등의 근거가 바로 인간 자신이라고 생각하기에는 우리가 너무나 미약한 존재 아닌가? 인간이 결코 침해될 수 없는 권리와 존엄성을 지닌 이유가 단지 인간이 그렇게 생각하기 때문이거나 그것을 인정하기로 합의했기 때문이라면, 그 생각이 변하거나 합의가 깨질 경우 인간은 더 이상 존엄하지도 않고 불가침의 권리도 지니지 않게 될 것이다. 권리와 존엄성이 인간의 본래적 가치라는 것은 이데올로기에 불과할 수 있는 것이다.

사실 근대 이후 오늘에 이르기까지 인간의 근본을 들먹이는 익숙한 구호들 대부분은 그 근거 물음 앞에서 취약하기 그지없다. 예를 들어 '최대 다수의 최대 행복'을 부르짖는 공리주의의 선구자 벤담(J. Bentham)은 행복이 도대체 무엇이냐는 물음에 대해서는 침묵한다. 그의 저 유명한 슬로건에 반감을 갖지는 않는다고 해서, 그것으로 의미에 대한 질문마저 할 수 없는 것은 아니다. 사실상 우리들 각자가 궁금해 하는 것은 어떻게 하면 모두가 행복하게 살 수 있는가 하는 것 이전에 도대체 행복이 무엇인가 하는 것 아닐까? 극단적인 예이지만, 세상에는 새디스트도 있고 마조키스트도 있는 것 아니겠는가. 한편 절차적 정의를 부르짖은 것으로 유명한 20세기의 철학자

존 롤즈(J. Rawls)는 그 어떤 경우에도 결코 침해될 수 없는 인간의 궁극적 가치로서 자유를 들고 있다. 누가 거기에 이의를 달겠는가? 하지만 자유가 도대체 무엇인지, 그리고 자유가 인간에게 가장 우선적인 권리이자 가치인 이유나 근거가 무엇인지에 대해서는 그도 역시 함구하고 있다.

인간은 도덕적이어야만 한다고? 왜 그래야 하지? 도덕적이지 않아도 된다고? 아니 도대체 도덕적이냐 아니냐 따위에 신경 쓸 필요가 없다고? 속이야 편하겠지만, 왜 그래도 되는 거지? 아니, 왜 그래야만 하는 거지? 그런데……'도덕적'이라는 게 도대체 뭐지?

담론의 영역에서 신을 배제하는 것은 과연 불확실하고 부당한 전제의 제거인가? 그것은 증명되지 않은 신앙적·비합리적 초석 위에 합리적 논증을 세움으로써 사상누각에 빠지는 어리석음을 범하지 않으려는 건전한 태도의 출발인가? 중세가 신앙에 기초한 비합리적 사유의 시대인 반면 중세 이후는 이성과 경험에 기초한 합리적 사유의 시대라고 일컬어지지만, 도대체 '합리성(rationality)'이란 무엇인가? 누군가가 "신은 존재한다"고 말한다면 그것은 '믿는' 것이고, "신은 없다"고 말한다면 그것은 '아는' 것인가? 그렇다면 '믿음'은 무엇이고 '앎'이란 무엇인가? 이 둘은 어떻게 다른가?

신의 존재 여부는 OX 문제이다. 그리스도교도에게는 신이 존재하고, 그리스도교도가 아닌 사람들에게는 신이 존재하지 않는 것이 아니다. 신의 존재 여부는 이 땅을 살아가는 사람들에게 있어 대답하기 어려운 문제이고 저마다 다르게 생각할 수도 있지만 그렇다고 해서 답이 없거나, 답이 여러 개 있거나, 질문자에 따라 답이 달라질 수 있는 문제는 아니다. 신이 존재한다고 해서 인간이 더 이상 인간이 아니게 되는 것도, 인간의 합리성이 더 이상 합리성이 아니게 되는 것도 아닐 텐데, 도대체 왜 신이 존재하지 않는다는 전제하에 사유를 전개하는 것만이 합리적이고 그 반대의 경우는 비합리적인가? 중세가 부당하게 신을 전제로 한 시대였다고 비판할 수 있다면, 중세 이후 역시 신화와 부당한 전제들로 점철되어 있다고 하지 않을 수 없다.

중세인들의 사상은 '철학'이 아니라 '신학'이기에 엄밀한 합리성을 발견할 수 없다고 볼멘소리를 해볼 수도 있겠다. 중세 사상가들 스스로가 자신들의 학문은 신학이라고 생각했다는 점에서 이 항변은 유효할 수 있다. 하지만 서울 거리의 모든 사람이 배달민족이라는 생각은 지레짐작으로도 편협할 수밖에 없듯이, 그것이 전부는 아니다. 신학 이외의 학문도 있었다는 의미만이 아니다. 우리는 뉴턴을 철학자로 간주하지 않지만, 뉴턴 스스로는 자신이 자연철학을 한다고 생각했다. 만유인력으로 유명한 그의 저서가 『자연철학의 수학적 원리들 *Philosophiae naturalis principia mathematica*』이 아니던가. 그가 생각한 자연철학에서 우리는 물리학을 발견하듯이, 그들이 생각한 신학에서 우리는 이성적 합리성에 입각한 철학적 논의를 발견할 수 있다.

중세인들의 이성

"모르는 게 약이다." 우리 나라 사람이라면 누구나 알 만한 속담이다. 그런데 아무리 생각해봐도 이 속담은 뭔가 잘못된 것 같다. 약이란 게 뭔가? 그것은 치료를 목적으로 하는 것이고, 치료는 비정상을 정상으로 되돌려 놓으려는 의료행위를 의미한다. 그렇다면 '모름'을 통해 무엇인가가 치유될 수 있다는 것인가? 아는 건 잊을 수 있어도 모름으로 대치될 수는 없다. 실연으로 고통받는 사람 앞에서 망각을 염두에 두면서 '세월이 약'이라고 말할 수 있어도 '모르는 게 약'이라고는 할 수 없을 것이다. 그러니 이 속담은 치유를 말하는 것이 아니라 예방을 말하는 것이겠다. 알면 병 된다는 말이다. 물론 예방을 위한 약이 없는 것도 아니다. 하지만 우리 정서에 예방은 약이 아니라 보약이다. 그러니 이 속담은 이렇게 바꿔도 될 성싶다. "모르는 게 보약이다."

어쨌거나 앎이란 흔히 좋은 것으로 간주되지만, 알아서 병이 되는 경우도 있다는 것이 이 속담의 메시지일 것인데, 여기서 앎이 비정상, 즉 병이 되는 경우를 세 가지 정도 생각해 볼수 있을 것 같다. 우선, 손에 땀을 쥐게 하는 범죄 영화나 스파이 영화에서 흔히 볼 수 있는 경우처럼, 무엇인가를 알았기 때문에 타자로부터 위해를 당할 가능성이 생기게 되는 경우다. 자칫 죽음으로까지 이어질 수 있는 치명적인 병이다. 한편, 모르던 것을 알게 되어, 이로 인해 타자에게 분을 품고 공격적이 되는 등, 스스로를 정상적으로 주체하지 못하는 경우도 있다. 속고 있는 동안에는 아무 문제가 없었는데, 속았다는 것을 아는 순간 우리는 어떻게 되는가? 위 속담이 원래 의도했던 바가 바로 이 경우가 아닌가 싶다. 마지막으로, 알면 알수록 더큰 앎을 갈망하게 되어 혼자 끙끙대며 고민하게 되는 경우다. 알아야 할 것이 있다는 사실 자체가 알려지지 않았더라면 전혀 문제가 없었을 텐데, 그러한 대상이 존재한다는 것을 알게됨으로써 시작되는 고뇌다. 물론 일시적 호기심이라는 가벼운 증상에 그치는 경우도 있지만, 심하면 인생을 다 바치기까지하는, 그야말로 일상의 관점에서 보면 비정상이라고 하지 않을 수 없는 상태에 들어서게 된다. 앎의 대상에 대한 앎에서 출발하되 그 대상에 대한 앎의 부족함 자체가 고통이자 고뇌로 이어지는 심각한 중증이다. 그야말로 애당초 몰랐으면 겪지 않아도 될 고통에 빠져들게 되는 것이다. 채워지지 않는 앎에의 갈망을 해소하기 위해 영혼까지 팔아먹은 파우스트 박사처럼 말이다.

생각해 보고자 하는 것은 셋째, 그 가운데서도 중증의 경우다. "모든 인간은 본성적으로 알기를 원한다". 아리스토텔레스 『형이상학』의 첫 구절을 장식하는 이 유명한 명제는 앎이 그 자체로서 목적적 가치를 지닌다는 뜻을 담고 있다. 하지만 사실 인간이 추구하는 대부분의 앎은 어떤 효용가치 때문인 측면이 강하다. 일상뿐 아니라 학문의 영역에서도 직접적이든 간접적이든, 당장이든 앞으로든 간에 어떤 목적에 도움이 된다고 판단되어야 그 앎을 추구하는 것이 보통이다. 굳이 예를 들 필요 없이, 한마디로 앎은 삶을, 그것도 풍요로운 삶을 목적으로 한다. 그에 비해 중증 앎 환자들은 그야말로 아는 것을 써먹을 생각보다는 앎 자체를 목적으로 앎을 추구하는 듯 보인다. 앎에 대한 욕구 자체의 충족을 지향하는 것이다. 이렇게 말해도 된다면, 진리의 탐구란 바로 이런 성격의 것이고, 철학자─철학 전공자나 철학이론 연구가 혹은 철학교수나 철학박사가 아니라─란 바로 이런 이들을 가리킨다고 할 수 있을 것이다. 무엇인가에 대한 앎의 욕구에 사로잡혀 그에 일평생을 바친 사람들 말이다. 소크라테스가 그랬다. 스피노자도, 칸트도, 비트겐슈타인도 그랬다. 그리고 중세의 사상가들도 그랬다. 단, 이들을 사로잡은 관심사는 저마다 달랐고 또 다른 것이 당연함에도 불구하고 중세인들은 대체로 그것을 공유했다는 점에서 우리에게 개별적으로보다는 집단적으로 다가온다. 그것은 한마디로 말하면 신이었다. 정확히 말하면 신과 신에 의해 창조된 세계, 그리고 피조물이면서 동시에 신의 모상 (Imago Dei)인 인간이 그들의 관심사였다.

중세 초기의 신앙과 이성

이념이나 사상, 세계관 등의 새로운 조류가 등장할 때마다 나타나기 쉬운 경향은 그것이 마치 기존의 모든 것을 완전히 대치할 것처럼 생각하는 것이다. 그리스도교가 아시아로부터 유럽세계에 전파되었을 때도 마찬가지였다. 신의 진리의 말씀 이 주어진 마당에 더 이상 알아야 할 것이 없다고 생각한 사 람들이 있었다. 라틴 호교가 터툴리아누스(Tertullianus, Quintus Septimius Florens, 155~222)가 대표적인 사람인데, 그는 인간의 삶에서 유일한 문제는 각자가 자신의 구원을 얻는 것이며, 이 를 위해 필요한 모든 것은 성서에 쓰여 있다는 식의 주장을 펼쳤다. 극단주의라고 할 만한 이런 경향은 당시에만 국한된 것이 아니다. 오늘날에도 여전히 그러한 주장을 펼치는 사람 들이 있다. 이것은 지적인 면에서 보면 극단주의일지 몰라도 참되고 유일한 생명의 길임을 표방하는 그리스도교적 관점에 서는 어쩌면 가장 순수한 주장일 수 있다.

하지만 중세 초기에 이미 정통적인 신앙의 길을 걸으면서도 자신이 믿는 신앙의 내용을 이해하려는 합리적 노력이 이루어졌다. 유스티누스(Flavius Justinus 또는 St. Justin Martyr, 100~164경), 클레멘스(Titus Flavius Clemens 또는 Clemens Alexandrinus, 150~219), 오리게네스(Origenes, 185?~254?) 등의 그리스 교부들이 그 대표적인 사람들인데, 이들은 신앙을 합리적으로 이해하려고 노력하는 가운데 그리스도교 신앙과 그리스 사상을 접목시킴으로써 최초의 그리스도교 신학이라 일컬어질 만한 결과물들을 산출해 냈다. 다시 말해 그리스 철학적 원리와 도구를 가지고 자신들의 그리스도교 신앙을 설명하려 했던 것이다.

그럴 수 있었던 것은 이들이 저마다 인생의 질곡 속에서 이미 상당한 지적 편력과정을 거친 후에 그리스도교를 만났기 때문이었다. 이들은 신앙인이기 이전에 이미 학자였다. 그리스도교 신앙은 이들에게 새로운 지식을 더해 주는 것이기보다 오히려 자신들이 쌓아 놓은 지식이 어떠한 의미가 있으며 무엇을 설명해야 하는지를 보여 주는 것이었다. 물론 그리스도교 신앙을 수용한 모든 이들에게 신앙은 곧 빛이었다. 그러나 대다수의 민간 신앙인들은 그 빛을 말과 글이 아니라 자신의 삶과 실천적 행위들을 통해 증거할 수밖에 없었던 반면, 학문의 길에 있던 사람들은 말과 글로 설명하고 이론적으로 구성할 수 있는 도구를 지니고 있었던 것이다. 지식인이 더 뛰어난 신앙인이었다고 말할 수는 없지만, 영향력에서만큼은 그들의 공을 말하지 않을 수 없다. 어부였던 베드로보다 당대 최고의 엘리트였던 바울이 성서 기록자로서 더 큰 역할을 담당한 것과 같은 맥락이다. 그리스도교는 이론과 이해의 종교가 아니라 실천과 구원의 종교이기는 하지만, 이들의 이론화 작업은 그리스도교가 카타콤 안의 은밀한 공동체를 넘어 백주대로에서 공론화되기 시작하면서 중요성을 띨 수밖에 없었다. 내부 결속을 공고히 해주는 촉매일 수 있는 물리적·정치적 억압이 아니라 회의와 의심을 불러일으켜 내부 분열을 일으키는 요인일 수 있는 이론적 비난과 공격에 대응해야 했기 때문이다.

그런 의미에서 그리스도교 초기의 이론가들은 대체로 호교가(護敎家)의 성격을 지닌다. 버트란드 러셀(B. Russell)은 초기의 교부들뿐 아니라 스콜라 철학까지를 포함하는 중세 전체를 염두에 두면서 "이성을 동원한 것은 마호멧 교도같이 기독교 세계의 진리성을 인정하지 않는 자들과 논쟁하기 위해서"였다고 단언하고 있다. 그러나 이들의 이론적 정당화 작업은 동시에 자신들의 신앙을 합리적으로 이해해 보려는 개인적 욕구를 반영한 것이라고 하지 않을 수 없다. 즉, 철학이 그리스도교를 이해하기 위한 예비학의 성격을 지닌다는 것이다. 물론 이러한 고백은 학문의 분류와 체계화의 관점에서 이루어진 것이라기보다 그들 한 사람 한 사람의 지적 편력의 여정이 반영되어 있는 것으로 이해하는 것이 타당할 것이다. 체계가 갖추어지지 않은 당시의 상태에서 신앙에 대한 이해의 모색과 이론화 작업은 당연히 사람들의 배경과 성향에 좌우될 수밖에 없었고, 경우에 따라서는 이들 사이에 근본적인 충돌이나 불일치를 낳기도 했으며, 정통 신앙에서 이탈된 해석을 개진하는 사상가 역시 적지 않았다. 예수 그리스도의 신성을 부정하는 아리우스파가 아타나시우스의 성공적인 논박으로 이단시되고 삼위일체가 정식 교리로 채택되는 등의 정리가 이루어진 것이 325년의 니케아 공의회였다는 사실 하나만 보아도 그 이전에는 신앙에 대한 여러 해석들이 공존했음을 알 수 있다.

사정이 이러하다보니 초기 교부들을 뭉뚱그려 다루는 것으로는 왜곡의 위험을 피할 수 없다. 그럼에도 불구하고 이들에게 공통적으로 나타나는 특징 두 가지를 말할 수 있다. 우선 초기 그리스도교 사상가들이 대부분 플라톤주의의 영향을 받고 있다는 점이다. 니케아 공의회의 두 주역인 아리우스와 아타나시우스 역시 서로 대립되는 입장을 취하고 있기는 하지만, 둘 모두 플라톤 사상을 자신들의 이론적 전거로 삼고 있다는 공통점이 있다. '세상의 초등학문'에 미혹되지 말라는 사도 바울의 경고(골 2:8; 2:20; 갈 4:3)가 염두에 둔 것도 바로 그리스철학, 특히 플라톤주의라고들 하지만, 그리스도교 신학의 건립 역시 플라톤주의 사상을 도구로 수행되었다. 참된 존재의 세계인 이데아계와 우리가 살아가는 감각계, 즉 비유비무(非有非無)의 그림자세계를 구별하는 플라톤주의 세계관은 이 세상과 하나님의 나라를 구별하는 그리스도교 세계관을 설명하는 데 적합한 것이었을 터이다. 그러나 그리스도교 사상가들에게 플라톤주의가 지닌 결정적인 매력은 플라톤의 이데아(Idea)계를 창조자인 신의 관념(Idea)으로 바꾸어 생각하는 아주 간단한 사고의 전환을 통해 이 세상의 근본적인 존재론적 위상을 정립할 수 있었던 데 있다고 보인다. 인간이 무엇인가를 만들어내기 위해서는 우선 그것에 대한 설계도로서의 관념을 지녀야 하듯이, 신 역시 이 세상을 창조하기 위해 우선 피조물 세계에 존재하는 것들에 대한 관념을 지니고 있다는 것은 합리적이고도 자연스러운 발상이 아닌가.

초기 교부들이 보여 주는 보다 근본적인 또 한 가지 공통점은 인간의 사유능력이 진리를 파악하기에 적합한 것인가의 문제와는 별도로, 계시된 진리 혹은 지식과 인간의 자연적 이해능력에 의한 진리 혹은 지식이 서로 별개의 것이거나 대립될 수는 없다는 신념이다. 믿는 것 따로, 아는 것 따로일 수는 없다는 것이다. 신앙의 맹목성을 배제하고 믿는 것에 대한 나름대로의 이해를 추구하는 이러한 태도는 초기뿐 아니라 스콜라 시대에 이르기까지 중세 그리스도교 사상의 전반을 지배하는 근본적인 태도가 된다. 12세기의 신학자 안셀무스가 제시한 '이해를 추구하는 신앙(Fides quaerens intellectum)'이라는 저 유명한 명제로 요약될 수 있는 이러한 태도는 이미 중세 초기부터 그리스도교 사상가들을 지배하고 있었던 것이다.

계시된 지식과 자연이성에 의한 지식이 서로 모순될 수 있는 것이 아니라면, 자연히 기준이나 권위는 계시된 지식 쪽에 있게 된다. 인간이 신을 향해 "당신이 틀렸소"라고 말할 수는 없기 때문이다. 이 점을 명확히 함으로써 자연이성에 입각한 그리스도교적 사유의 기본 방향에 결정적인 영향을 준 사람이 바로 히포의 주교였던 아우구스티누스(354~430)이다. 그는 이성에서 출발하여 신앙에 이르는 길이 아니라 신앙에서 출발하여 이성에 이르는 길이야말로 진리에 도달할 수 있는 안전한 길이라고 선언했다. "믿기 위해 알려 하시 말고, 알기 위해 믿어라"는 그의 저 유명한 구절은 믿는다는 행위와 안다는 행위의 본질과 그 차이에 대해 곰곰이 생각해보게 할 뿐 아니라, 신비적 모호함의 표상인 종교적 신앙과 확실성의 상징인 이성 사이의 관계를 역전시키는 일대 사건이라고 할 수 있다.

신앙을 합리적 이해와 지식의 출발점으로 삼아야 한다는 이 태도는 신앙적 관심에서 이성을 호도하고 억압하는 것으로 간주되기 쉽다. 물론 '신앙'이 사유의 모든 자율성을 억압하는 완고하고 배타적이면서 폐쇄된 명제들의 집합일 경우에는 당연히 그렇게 간주되어야 한다. 그러나 '신앙'의 의미가 사유의 출발점에서 전제되는 세계관의 기본 골격이자 사유의 모색이 나아가야 할 방향으로 간주된다면, 그러한 전제가 없어야만 합리적일 수 있다는 생각이 오히려 선입견일 수 있다. 사실 철학뿐 아니라 과학을 비롯한 제 학문들, 심지어는 일상을 지배하는 사고방식에서마저 나름의 합리적인 방식으로 난관을 극복하면서 문제 해결을 시도하도록 추진력을 불어넣는 것 또한 실상은 합리성 자체가 아니라 그에 앞서 있는 전제들 아니던가.

신앙을 출발점으로 삼는다는 것은 그리스도교 계시에 의한 세계관을 수용한다는 뜻이며, 그러한 세계관에 상충되지 않는 방식으로 앎을 추구해 간다는 의미이지, 종교적 신조 이외의 다른 모든 앎을 배제하거나 그에 대한 다양한 해석을 배척한다는 의미는 아니다. 실제로 중세의 사상가들은 그리스도교를 그리스도교이게 하는 기본적인 신조들을 공유하는 가운데 다양한 이해들을 펼쳐나갔다. 무엇을 믿어야 할지에 대해서 이들은 의견을 같이 했지만, 그것을 '어떻게' 이해해야 할지에 대해서까지 견해를 같이 한 것은 아니었다. 총론에는 공감했고 또 동의할 것을 요구했지만, 그 조건이 충족되는 한 각론은 완전히 개방된 상태로 열려있었다. 구체적인 주제들에 대한 입장뿐 아니라 각론을 대하는 태도에 있어서 기본적 입장을 달리하는 경우도 있었다. 계시된 모든 것이 이성에 의해서도 이해될 수 있다는 입장을 취한 사람이 있는 반면, 계시된 것은 그 어떤 것도 이성에 의해 이해될 수 없다는 입장을 취한 경우도 있고, 계시된 것 가운데 이해될 수 있는 것과 그렇지 않은 것을 구분한 사람들도 있다. 경건한 신앙인이라는 공통점 외에 이들 사이에 얼마만큼의 공통점이 있을까?

결국 진리가 동근원적이라는 전제하에 신앙에서 출발해야 한다는 입장은 이성의 독자성이나 자율성을 부정하는 것이 아니라, 그것을 인정하되 그 결론이 계시된 진리와 모순될 경우 재검토될 필요가 있는 것으로 간주된다는 의미로 취해져야 한다. 신앙은 이성의 작용을 시시콜콜 통제하고 간섭하는 것이 아니라 단지 이성 자체의 독자적인 결과물이 그리스도교의 기본 원칙에 위배되지는 않는가의 여부만을 판단하는 일종의 헌법적 역할을 하는 것이다. 이런 의미에서 중세는 기본적으로 신앙이 이성보다 우위를 점하고 있다고 할 수 있다. 하지만 동시에 이런 풍토였기 때문에 중세에는 신존재 증명의 시도가 가능했고, 그에 대한 비판 역시 가능했다. 안셀무스나 토마스 아퀴나스의 신존재 증명은 신이 존재하는지의 여부를 가리기 위한 것이 아니었으며, 안셀무스의 신존재 증명에 대한 가우닐로의 반박 역시 신의 존재를 부정하기 위한 것이 아니었다. 그것은 믿음의 여부와 별도로 이성을 통해 이해하려는 노력의 일환으로 이루어진 지적인 작업들이었다. 종교개혁가 칼뱅이 중세 스콜라인들을 향해 신랄하게 비판한 것과는 달리 그들의 신존재 증명은 신앙의 출발점에 대한 회의와 의심에서 비롯된 것이 아니다.

철학은 신학의 시녀?

제아무리 이성의 독자성을 인정한다 하더라도 여전히 신앙의 우위를 말하고 신앙의 대상을 이해하려는 노력만이 유일하게 가치 있는 이성의 역할이라고 생각되기 쉽고, 그것은 결국 철학이 여전히 신학의 도구에 불과한 것 아니냐는 생각으로 이끈다. 중세 사상의 특징을 말할 때 가장 많이 언급되는 저 유명한 '철학은 신학의 시녀'라는 명제는 바로 이런 인상을 각인시키는 결정적인 구절이기도 하다. 그러나 신앙과 이성의 관계는 보다 정교하게 정립될 필요가 있다. 이것은 계시된 신앙의 진리가 중세 전체에 걸쳐 이성에 의한 철학적 진리에 대해 우위를 점했다는 통념에 대해 의문을 제기하려는 것은 아니다. 계시된 진리의 우위성은 그들에게 결코 의심할 수 없는 전제였다. 그러나 중세에 제시된 이성적 진리의 가치와 위상에 대해서까지 일치된 견해를 보인 것은 아니다.

언급한 것처럼 아우구스티누스를 비롯한 교부철학 시대의 호교가들은 대부분 신앙을 접하기 이전에 철학적 훈련을 받은 사람들이었고, 그리스도교를 접했을 때 이들은 자신들의 언어로 그것을 이해하고 설명하려 했다. 관심의 시간적 전개 순서 자체가 철학에서 신학으로 나아가는 것이었으며, 그런 상황에서 철학이 신학으로 나아가는 도구적 성격으로 간주되는 것은 어쩌면 자연스러운 것이었다.

이에 반해 그리스도교 신앙이 체계를 갖춘 스콜라 시대의 신학자들은 신학을 하기 위해 지적 훈련을 받았다. 그리스도교 신앙은 더 이상 처음부터 설명되어야 할 새롭고도 낯선 대상이 아니었다. 자연히 관심의 대상도 무엇을 믿고 그것을 어떻게 이해해야 하는가로부터 믿는 것에 대한 이해방식이 과연 정당하고 합리적인 것인가 하는 쪽으로 기울었다. 믿는 것을 이해해보려는 시도 자체를 넘어서 그것을 이해하려는 시도들이 과연 얼마나 합리적이고 정당한 것이며 어디까지 타당한 것인가의 문제가 제기된 것이며, 이는 곧 인간의 합리적 이해 능력 자체에 대한 탐구로 이어졌다.

존재론적 신존재 증명으로 유명한 12세기의 안셀무스의 저작만 해도 아직 이러한 문제의식이 선명하게 드러나고 있지는 않다. 논리학의 발전과 더불어 합리적 지식이란 곧 논리적 지식을 의미하는 지적 풍토에서 활동했던 그는 그리스도교 신앙을 논리적 증명의 용어로 서술하는 것이야말로 신앙에 대한 합리적 이해라고 생각하고, 그것을 신앙의 도움 없이 오직 이성의 힘만으로 논증하려 시도했다. 이러한 시도는 그리스도교 신앙에 대한 이해뿐 아니라 그에 대해 합리적·논리적 논증까지도 가능하다는 생각을 내비치는 것으로서, 신학의 도구로서의 철학, 즉 신앙을 합리적으로 이해하려는 시도가 절정에 달한 것이기도 하다. 이러한 안셀무스의 태도는 우리가 일반적으로 중세 사상가들에 대해 갖는 이미지, 즉 오로지 신앙을 정당화하기 위해 이론을 구축하고 논증을 전개하려 골몰하는 이미지의 전형이라고 할 수 있다.

그런데 신앙의 내용이 합리적으로 논증될 수 있다는 것은 동일한 내용에 대해 믿음과 앎이 동시에 가능하다는 것을 의미한다. 또한 믿음으로 아는 것과 이성에 의해 아는 것의 영역이 동일하거나 혹은 중첩된다는 것을 의미한다. 이럴 경우 계시된 진리의 진리치를 의심할 수 없는 중세인들에게 이성의 가치란 계시된 진리에 의해 주어진 것을 하나하나 자신의 영역으로 확보해가는 것 이외에 다른 것일 수 없고, 결국 이성은 그러한 확보과정에서의 자기 운동이 제아무리 독자적이라 할지라도 결국 계시된 진리에 완전히 종속될 수밖에 없다. 독자적 영역을 지니지 못한 이성의 자율성이란 그야말로 일종의 허울에 불과한 것이다. 게다가 이성의 역할이 오로지 믿는 것을 이해하는 데 있다면, 신앙을 지니지 않을 경우 이해해야 할 대상 자체가 존재하지 않게 된다. 이성이 정말로 이런 성격의 것이라면, 오직 신앙을 지닌 사람들만이 이성의 사용에 심혈을 기울일 수 있다는 말이 된다.

하지만 그리스도교 신앙이 전제되어야만 이성의 온전한 사용이 가능하다는 것은 그리스도교 신앙이 없어야만 온전한 이성의 사용이 가능하다는 오늘날의 통념과 마찬가지로 일면적이고 극단적이다. 비신앙인들 혹은 이교도들이 아무런 사변도 전개하지 않았다고는 할 수 없다. 중세인들의 눈에도 12세기 말 이후 아랍세계를 거쳐 스콜라 사회에 소개된 아리스토텔레스 사상은 그에 대한 증거였다. 아니, 단순한 증거 이상이었다. 『형이상학』『자연학』『영혼론』 등, 아리스토텔레스의 주요 저작 앞에서 스콜라인들은 이교도 철학자가 달성한 탁월한 업적에 경탄하지 않을 수 없었다.[2] 그것은 하나의 충격이었고, 신앙의 인도를 받지 않은 이성 자체만의 능력에 대해 다시 생각하지 않을 수 없도록 만들었다. 물론 비신앙인의 사상이라고 해서 일종의 신앙이라고 할 수 있는 세계관적 전제가 아예 없는 것은 아니다. 아리스토텔레스 역시 위대한 자연의 영원성을 전제하고 있었다. 하지만 바로 그렇기 때문에 아리스토텔레스 사상이 중세인들에게 던진 분명한 메시지는 이성의 건전하고 올바른 사용을 위해 그리스도교 신앙에 입각한 세계관이 필연적으로 전제되어야 하는 것은 아니라는 점이었다. 이성의 올바른 사용은 그리스도교 신앙을 지녔는가와는 무관하다.

중세에서 철학을 말할 수 있는 이유도 바로 여기에 있다. 이성의 올바른 사용은 그것이 어떤 세계관을 전제하고 있는가

하는 따위의 외적인 요인에 의해서가 아니라 그것의 올바름, 즉 합리성 여부에 따라 판가름되어야 한다. 이성의 사용에 앞서 전제된 것은 중세인들처럼 그리스도교 신앙에 의한 세계관일 수도 있고, 고대 그리스인들처럼 영원회귀와 운명이 지배하는 세계관일 수도 있으며, 자연세계의 물리 법칙에 의한 기계적 인과성이 지배한다는 세계관일 수도 있다. 어디서 왔는지도 어디로 가야하는지도 모르지만, 어쨌든 각자가 알아서 스스로의 생을 개척해야만 한다는, 소위 "인간 실존은 피투(被投)된 기투(企投)"라고 하는 다소 전투적이고 짜릿한 어감으로 어필하는 사르트르식 세계관일 수도 있다. 그렇기 때문에 하나의 사상을 이해하기 위해서는 그것에 전제된 세계관이 무엇인가를 알 필요가 있지만, 그 사상의 철학적 유효성 자체가 전제된 세계관이 무엇인가에 따라 판가름되지는 않는다.

중세인들은 신앙적 세계관을 전제했다. 20세기 중반에 토마스 아퀴나스 사상의 부흥을 주도했던 질송(E. Gilson)의 지적처럼, 그들이 그리스도교 신앙을 받아들이지 않았다면 아마도 그런 식의 사유체계가 전개되지 않았을 수 있다. 그러나 신앙적 세계관을 전제했다고 해서 그들의 모든 사유체계가 이성적 활동으로서의 유효성을 상실하는 것은 아니다. 신앙인들 가운데 자신이 이해하고자 하는 바를 논증하기 위해 성서와 같은 계시된 진리나 신의 권위에 의존한다면, 그것은 분명 신학이지 철학이 아니다. 그러나 자신이 이해하는 바를 인간의 자연적 이성에 의해 합리적으로 논증하려 한다면 그것은 신학이기

보다 철학이며, 그 논증의 타당성 역시 철학적으로 검토되어야 한다. 이 세계가 창조되었다는 것을 성서에 의존해 주장한다면 그것은 분명 신학이지만, 존재의 인과성을 통해 논증하려고 시도한다면 그것은 철학이라고 하지 않을 수 없다. 성만찬에서 빵이 예수 그리스도의 살로 변한다는 소위 화체설(transsubstantiation)을 무에서 유를 창조하는 전능한 신의 능력과 성서의 구절에 호소하여 논증한다면 신학이라고 하지 않을 수 없지만, 본질적으로 실체(substance) 안에 존재하는 것이 우유성(accident)이라는 데서 출발하여 실체가 변하는데도 불구하고 우유성이 유지된다는 것은 모순이 아니냐고 묻는 것은 철학적 질문이다. 중세인들이 이해하고자 했던 관심사는 분명히 신앙에서 비롯된 것이고 신학적인 것이지만, 그것을 다루는 방식마저도 모두 신학적인 것은 아니었던 것이다.

'안다'와 '믿는다'에 대한 토마스 아퀴나스의 견해

이렇게 말하는 것은 중세인들을 오늘날의 구미에 맞게 자의적으로 재단한 것이 아니다. 중세의 대표적인 스콜라 철학자인 13세기의 토마스 아퀴나스는 계시된 진리가 이성의 진리에 비해 진리로서의 우선성을 지닌다는 중세 전체의 기조를 그대로 유지하면서도, 양자가 서로 다른 종류의 지식이며 따라서 양자의 역할을 혼동하면 안 된다고 주장함으로써 이성의 영역을 신앙의 영역에 매몰시키지 않고 그것을 확보해냈다.

그것은 믿는다는 행위와 안다는 행위 사이의 구별이라는, 오늘날의 담론 영역에서는 별반 주목을 끌지 못하는 구별을 통해서였다. 이 점에 대해 좀더 이야기해 보자.

'안다'라고 할 때와 '믿는다'라고 할 때 우리가 의미하는 것은 어떻게 다른가? 이 구별을 위해 우선 '안다'라는 말이 통상적으로 사용되는 경우가 항상 일정하지 않다는 것을 염두에 두어야 한다. 우선 어떤 것을 경험했기 때문에 그것을 '안다'고 말하는 경우가 있다. 사소한 것에서부터 그야말로 고도의 주의와 경험의 누적이 필요한 것에 이르기까지 일상사에 적용되는 많은 앎들이 바로 이런 종류의 것이다.

경험적 직접성에 의한 확증의 차원을 넘어서 '안다'라고 할 수 있는 영역을 보면, 우리는 어떤 것에 대해 '확신하기 때문에(sure)' 그것을 '안다'라고 말하기도 하고, 어떤 문제를 완전히 이해하고(understand) 파악했다(comprehend)는 것을 나타내기 위해 '안다(know)'라는 말을 사용한다. 대체로 어떤 것에 대한 이해와 파악은 그것에 대한 확신의 이유나 근거가 되지만, 경우에 따라서는 스스로 이해하거나 파악하지 못했더라도 어떤 것을 확신하는 경우가 있다. 이처럼 스스로 이해하지 못한 경우에도 어떤 것을 확신하는 이유는 대부분 그것을 믿을 만한 권위로부터 받아들였다고 생각하기 때문이다. 다시 말해 권위가 확신의 이유가 되는 것이다.

이렇게 말하면 신을 말하기 위해 권위를 끌어들이는 것으로 생각되기 쉬울 수도 있다. 하지만 사실 오로지 권위에 의거

한 확신에 따라 '안다'고 말하는 경우는 우리 주변에서도 의외로 많다. 아주 간단한 예로, 우리는 H_2O가 물이라는 것을 안다고 말하지만, 그 주장을 증명하거나 정당화할 화학적 분석을 어떻게 해야 하는지 모르는 경우가 대부분이다. 그럼에도 불구하고 우리가 그것을 안다고 하는 것은 과학자들의 권위에 입각한 것이다. 이 예를 볼 때, 우리가 '안다'고 말하는 것들 가운데 상당 부분이 우리 자신의 이성에 의해 이해한 것이기보다는 증언자의 권위에 의존한 것임을 짐작해 볼 수 있다. 이것은 자신의 이성활동에 의해 스스로 이해하고 파악함으로써 '안다'고 말하는 것과는 분명히 다르다. 두 경우는 모두 '안다'고 말해지는 내용에 대한 동의와 확신이라는 점에서는 일치하지만, 그 동의의 이유가 각기 다르다. 권위에 의한 동의는 사실상 '내가 이해한' 것이 아니라 남이 이해한 것에 대해 내가 동의하는 것일 뿐이다. 그렇기 때문에 여기서 '안다'라는 말이 보다 엄격하고 좁은 의미, 즉 '이성에 의한 이해'를 의미할 경우 권위에 의한 동의는 엄밀하게 말해 '아는' 것이 아니다. 단지 '믿는' 것일 뿐이다.

일반적으로 믿는다는 것은 안다는 것에 비해 생각한다(혹은 사유한다, to think)는 것과 마찬가지로 완결된 앎을 지니지 못한 과정적 상태 또는 불안정한 상태를 말한다. 우리는 흔히 '안다'는 것과 '생각한다' 혹은 '사유한다'는 것을 뭉뚱그려 지적인 앎(intellectual knowing)으로 이해해 버리곤 하지만, 토마스 아퀴나스는 '생각·사유한다'는 말을 보다 협소한 의미, 즉 확신을 가지고 완전한 이해에 도달하기 이전에 이루어지는 지성에 의한 모종의 탐구작업으로서 수정이나 변경에 대해 개방된 것으로 이해하는 한편, 앎이란 의심이나 재고의 여지없이 굳건한 확신을 지니게 되는 것으로 이해한다. 따라서 생각·사유한다는 것은 이성이 아직 쉴 수 없는 미완성의 과정적 상태를 표현하는 반면, 앎이란 그러한 과정이 종료됨으로써 사유과정에 수반되던 모색, 의문, 곤혹 등이 모두 그치는 상태를 의미한다. 일반적으로 믿음 역시 대상에 대한 완결된 앎을 지니지 못했다는 의미에서 불완전한 앎의 상태라고 할 수 있고, 그런 의미에서 믿음은 아직 어느 한쪽으로 결정을 내리지 못한 의문(doubt)의 상태나, 어느 한쪽을 택하기는 했지만 다른 선택지를 완전히 배제한 것은 아닌 견해(opinion)와 비슷한 상태로 간주될 수 있다. 이런 일반적 의미에서의 믿음은 앎에 비해 불완전하고 열등한 상태이며, 앎에 의해 보다 완성되고 극복될 수 있는 상태이기도 하다.

이처럼 의문이나 견해에 견줄 수 있는 일반적인 믿음에 비해 신앙(faith)은 확신을 포함한다는 점에서 차이가 난다. 다시 말해 신앙을 지닌다는 것은 자신이 믿는 것을 자신의 이성으로 이해하거나 온전히 파악하지는 못할지라도 그것이 참된 것임에 대해 굳건한 확신을 가지고 동의하는 것을 의미한다. 그렇기 때문에 이성에 의해 대상의 이해가 완전하고 충분하게 판가름되는 학문에서의 동의에 비해 의지가 개입하는 신앙에서의 동의는 합리성이 결여되어 있지만, 그 동의의 이유가 되는 증언자의 권위가 바로 신이기 때문에 오히려 이성에 의한 합리적 동의보다 더 굳건한 확신을 동반한다. 다른 누구의 말이 아니라 바로 진리의 원천인 신의 말씀이라는 이유에서 동의를 유발하는 신앙은 이성이 참이라고 인식했기 때문에 동의하는 것에 비해 합리성의 측면에서는 열등한 상태일지 몰라도, 진리치에 있어서는 결코 열등하다고 할 수 없는 것이다.

그럼에도 불구하고 여전히 신앙은 본질적으로 믿음과 같은 부류이며, 그렇기 때문에 신앙과 이성적 학문은 그 동의의 원인이 다르다는 점에서 서로 다른 종류의 지식이라고 하지 않을 수 없음을 토마스 아퀴나스는 지적한다. 그러면서 그는 동일한 대상에 대해 누군가는 믿음에 의해, 누군가는 이성에 의해 동의하는 것은 가능하지만, 동일한 사람이 동일한 대상에 대해 동시에 알기도 하고 믿기도 하는 점 또한 불가능하다고 지적한다. 누군가가 어떤 것을 '안다'면, 다시 말해 어떤 것에 대해 그것이 참이라고 이성이 이해한다면, 동시에 그가 그것을 '믿는' 것, 다시 말해 합리적 이해는 지니지 못하면서 그것을 어떤 권위에 의해 참인 것으로 동의하는 것은 불가능한 것이다.

그런데 신에 의해 계시된 진리란 무엇인가? 그것은 인간의 이해능력을 시험하거나 혹은 이해능력이 한번 도전해 보도록 하기 위해 신에 의해 제시된 수수께끼가 아니다. 그것은 원칙적으로 모든 사람에게 이해의 대상이 아니라 믿음의 대상으로 신에 의해 직접 드러내 보여진 것이다. 그것은 근본적으로 모든 사람의 신앙의 대상이기 때문에 그 누구도 그에 대한 학적 인식을 소유하지 못한다. 어느 누구도 자신이 믿는 것에 대해 합리적이고 학적인 지식을 소유할 수는 없기 때문이다. 그렇기 때문에 토마스 아퀴나스는 제아무리 위대한 신학자라 할지라도 신앙에 의해 수용되는 계시된 진리에 대해 합리적인 방식으로 필연적인 증명을 제시할 수는 없으며, 이전 신학자들이 시도한 모든 증명은 사실상 합리적인 증명이 아니라고 주장한다. 만약 신앙의 진리가 합리적으로 증명된다면, 그것은 더 이상 신앙의 대상일 수 없기 때문이다.

신학으로부터 순수하게 합리적인 본성을 가진 모든 필연적 증명을 배제하는 가운데 토마스 아퀴나스는 철학의 신학화에 반대하고, 동시에 이성에 의한 합리적 증명의 영역은 신학과 무관한 이성의 자율적 영역이라고 함으로써 신학의 철학화 역시 반대한다. 신학의 문제는 신학적으로, 철학의 문제는 철학적으로 다루어야 한다는 것이다. 신학이란 계시된 진리에서 출발하여 그것을 전거로 모든 것을 신과의 관계 속에서 다루는 것인 반면, 철학은 인간의 이해능력에 적합한 방식으로, 즉 경험에서 출발하여 합리적인 방식으로 앎을 추구하는 것이다. 신학과 철학은 서로 다른 종류의 지식이기 때문에 어느 하나가 다른 하나의 영역을 침해하는 것은 월권행위이며, 어느 하나에 적합한 기능을 다른 하나에게까지 충족시키라고 요구하는 것 역시 부당하다.

이러한 구별을 통해 토마스 아퀴나스는 신학과 구별되는

철학의 고유영역을 확보한다. 하지만 그가 신학과 철학을 완전히 분리된 별개의 지식이라고 생각한 것은 아니다. 여전히 진리의 동근원성과 철학에 대한 신학의 우위는 유효하다. 철학적 탐구와 논증이 신학적 명제를 결론으로 도출해야 하는 것은 아니지만, 철학적 사유가 신학적 진리에 위배된다면 그것은 재검토될 필요가 있다. 예를 들어 철학적 사유가 경험세계의 존재론적 자족성을 결론으로 이끌어 낸다면 그것은 신에 의한 창조라는 계시된 진리가 요구하는 세계의 유한성 앞에서 재검토되어야 하는 것이다. 그러나 그런 경우가 아닌 한 철학적 사유는 신학의 간섭을 받지 않을 뿐 아니라, 설령 그런 경우라 하더라도 신학은 철학에 결론의 재검토를 요구할 수 있을 뿐이지, 논증방식까지를 판단할 수 있는 것은 아니다.

토마스 아퀴나스가 이해하는 신학과 철학의 관계에서 한 가지 더 주목할 것은 그가 신학과 철학의 영역이 겹치는 부분을 말한다는 점이다. 중세는 이성이 신앙에 종속된 시대였다는 통념에 맞서기 위해 이제까지는 계시된 진리와 이성의 진리를 엄격하게 구별하는 그의 입장을 내세웠지만, 그의 사상에서 더 중요한 것은 아마도 계시된 진리와 이성의 진리 양쪽에 모두 걸쳐 있는 이 부분, 즉 '계시된 이성의 진리'라고 할 수 있는 영역이다. 이 영역은 인간이 자연이성에 의해 도달할 수 있는 가장 최고의 진리이면서 동시에 계시된 진리의 영역에서 보면 출발점이기도 한 신의 존재에 대한 지식을 말한다. 신의 존재는 신앙의 대상으로서 계시된 진리이지만, 동시에 이성에 의해 접근할 수 있는 유일한 신학적 진리이기도 하다. 따라서 이 영역은 신학쪽에서 볼 때 이성이 절대 접근할 수 없는 계시신학(revealed theology)과 구별하여 자연신학(natural theology)이라고도 하며, 철학쪽에서 볼 때 경험에 의해 드러나 변화하는 존재와 변화하지 않는 존재 모두를 포괄하여 다루는 학, 즉 존재를 존재로서 다루는 학에서 존재 일반을 다루는 가운데 그 원인자로서 신의 존재에 대한 인식으로까지 나아갈 수 있는 영역, 즉 형이상학(Metaphysics)이라고 한다.

도대체 어떤 학문이고 무엇을 대상으로 하는 학문인지부터가 말하기도 어렵고 이해하기도 그리 쉽지 않은 자연신학 혹은 형이상학에 대해서는 더 이상 언급하지 말기로 하자. 다만 한 가지, 오늘날 형이상학이라고 하면 흔히 변화하는 현실을 무시하고 변화하지 않는 영원불변한 무언가를 찾거나 다루는 것으로 말하는 경우가 많은데, 적어도 이런 식의 형이상학 개념을 중세에 무차별적으로 적용하는 것은 그야말로 중세에 대한 무지에서 비롯된 것이라고 하지 않을 수 없다.

이성이 단순히 신학의 도구에 불과한 것이 아니었다는 장광설을 뒤로 하고 이제 그러한 이성에 의해 인간이 어떻게 그려지고 있는가를 토마스 아퀴나스의 사상에 입각하여 한번 살펴보기로 하자.

제2부 중세의 인간학 맛보기

인간존엄성에 대한 중세 이후의 논의

　　우리는 흔히 인간이 존엄하다고 말한다. 그런데 인간이 존엄하다는 것은 과연 무슨 의미일까? 아마도 인간은 자기 목적적 존재이기 때문에 타인 혹은 타자의 수단으로 간주되어서는 안 된다는 의미일 것이다. 이러한 인간의 자기목적성은 곧 모든 인간이 남에게 종속되지 않고 자유롭게 자신의 삶을 영위해 나갈 권리가 있다는 의미를 수반한다. 인간을 그러한 존재로 대우해야 한다는 당위성은 오직 인간들에게만 요구되는 사항이다. 동물이 사람을 해쳤다고 해서 인권을 침해했다고는 하지 않는다. 인간의 존엄성이란 결국 도덕적 행위의 주체인 인간들이 서로를 도덕적 가치를 지닌 존재로, 즉ー도덕적 행위의 주체라는 의미가 아니라ー도덕적으로 마땅히 그러한 권리와 가치를 지닌 존재로 대해야 한다는 당위성과 밀접하게 연관된 개념이다. 그런데 이러한 존엄성은 인간이라는 종에 속하는 구성원이면 누구에게나 주어진 것인가? 인간은 인간으로 존재한다는 사실 자체만으로 가치 있고 고귀하며 타자 혹은 타인에 의해 대치될 수 없는 가치와 양도될 수 없는 권리를 지녔으며, 단순히 어떤 전체의 부분이나 수단으로 간주될 수 없고 또 간주되어서도 안 되는 자기 목적적 존재인가?

 "그렇다"고 말하는 것이 일상을 지배하는 표준적인 신념으로 보인다. 그 누가 이 신념에 대해 이의를 달 것인가. 그러나 자칫 우리는 이러한 신념을 부인하는 태도를 취하거나 그런 입장에 동조하기 쉽다. 예를 들어, 요즘 심심치 않게 거론되는 낙태 합법화 문제를 보자. 완고해 보이는 반대론은 낙태가 살인이라는 주장과 생명경시풍조의 우려를 내세우고 있는 반면, 찬성론은 여성의 권리, 원치 않는 임신과 출산이 가져오는 사회적 재앙 등을 이유로 내세우는 듯 보인다. 다만 어떤 식으로든 이 문제에 직접적으로 연관되어 있는 경우가 아닌 한, 원론적인 반대 입장을 완전히 무시하는 태도를 취하기가 그다지 용이하지 않아 보인다는 점은 지적해야 할 듯하다. 예를 들어 임신 3개월이 지난 태아를 인간으로 간주하지 않거나—사실 의학적·생물학적 증거들은 3개월 이후의 태아를 살아 있는 인간으로 인정하지 않는 것은 잘못이라는 점을 증거하고 있다—아니면 인간이라는 인정은 하고 또 그렇기 때문에 낙태가 어느 의미에서는 살인이라고 인정하면서도, 그것이 진정한 의미에서 인격성과 존엄성을 지닌 개인으로서의 인격체를 살해하는 것은 아니라고 주장하는 경우가 바로 그것이다.

지능지수가 아주 낮아 20 이하인 경우, 자기 통제력을 발휘하지 못하는 경우, 경험이나 사유 주체로서의 자아개념을 소유하지 못한 경우 등도 역시 우리는 존엄성과 고유한 가치를 지닌 인간으로 대해 주어야 하는가? 백치 아다다 같은 경우는 어떤가, 알콜중독자나 마약중독자는, 늑대소년은?

사회적 관점에서는 이들이 소위 정상적이라 일컬어지는 사람들과 다르게 대우되어야 할지도 모른다. 그러나 그렇기 때문에 이들이 엄밀한 의미에서 양도할 수 없는 고유한 권리와 가치 및 존엄성을 지닌 인격체로 대우받아야 한다는 점에서마저도 다른 기준이 적용될 수 있다고 생각한다면, 그것은 단순히 '그들을 어떻게 대할 것인가'의 문제에 그치는 것이 아니다. 인간의 존엄성이 '인간이기 때문'이 아니라는 입장, 다시 말해 인간이 존엄성과 도덕적 가치를 지닌 존재인 이유는 인간이 인간이라는 종에 속하는 존재이기 때문이 아니라 그에 더해지는 어떤 요인에 의해 그렇게 된다는 입장을 은연중에 지지하는 셈이 되기 때문이다. '인간임'이라는 생물학적·존재론적 사태와 존엄성을 지닌 '인격체임'이라는 도덕적 사태를 별개의 것으로 간주하는 이런 태도는 필연적으로 그러한 차이를 만드는 요인이 과연 무엇인지의 물음을 수반한다. 그러나 개개인의 사회적 가치가 아니라 개개인의 인간적 가치가 문제시되는 한, 지능이나 자의식·환경·교육·사회성 등 어느 것을 들더라도 이에 대한 대답으로는 궁색할 수밖에 없다.

실제 삶에서는 이런 요인들이 차별화된 대우를 받도록 하는 현실적 요인일 수 있다. 신분이나 지위 등 개인적 성취에 따라 그 사람 자체에 대한 평가가 달라지기도 한다. 심지어 오늘날에는 유전무죄라는 말도 있다. 물론 사회적 대우의 측면에서는 이런 현실을 그다지 부정적으로만 볼 필요도 없다. 오히려 사회적 삶의 모든 면에서의 평등을 표방하는 것은 자신의 침대 길이에 맞춰 방문객들의 몸을 잡아늘이거나 잘라내던 프로크루스테스의 침대와 같은 폭력을 유발할 수 있다.

그러나 사회적 가치를 그대로 인간적 가치에까지 적용하는 것은 무리다. 개개인이 지니는 사회적 가치와 권리는 일반적으로 그가 속한 공동체와 긴밀하게 연관되어 있다. 우리 나라의 경우 개인의 기본적이고 근본적인 권리와 가치마저도 국가가 헌법을 통해 규정하고 부여한다. 사실상 현대 사회에서 권리를 부여할 뿐 아니라 그 행사를 보증하고 보호할 정당한 힘을 지닌 제도의 대표적인 것이 국가라는 점을 생각하면 이는 마땅해 마지않을 현상이기도 하다. 그럼에도 불구하고 물음은 여전히 남는다. 인간 개개인이 존엄성과 도덕적 가치를 지닌 존재인 이유는 국가 혹은 그와 유사한 어떤 공동체가 그것을 부여하고 보증하며, 또한 명시적이든 암묵적이든 사회적으로 그것이 인정되고 있기 때문인가? 만약 그렇다면 국가가 권리의 부여와 보증을 철회하거나 사회적으로 인정받지 못하는 경우, 인간 개인의 존엄성과 도덕적 가치는 그 기반을 상실하는 것인가? 과거 서양에서 그랬듯이 추방이나 파문을 당한다는 것은 곧 인간의 사회적 권리를 넘어서 인간의 인간으로서의 가치와 권리마저도 상실한다는 것을 의미하는가? 월남 보트피플이나 르완다 또는 아프간의 난민들을 돕는 것은 그들이 나름대로 교육을 받았거나 자의식이 있거나 정상적인 사회에서 일정한 기여를 할 수 있는 잠재력을 지녔거나 하는 등의 이유 때문인가, 아니면 그들이 그저 인간이기 때문인가.

원론적인 차원에서 '인간임'과 '인격체임'을 동일시하려는 욕구는 오늘날 인권운동을 비롯한 사회운동 전반에서 폭넓은 지지를 받고 있을 뿐 아니라 아마도 대부분의 인간들이 지닌 자연적 경향성이 아닌가 싶다. 하지만 그것을 정당화하는 이론적 근거지움은 의외로 매우 취약한 듯한데, 그 주요한 이유 가운데 하나는 생물진화론을 위시한 과학적 이론들에 부여되는 권위 때문이라고 보인다.

감각경험으로 검증이 가능한 것들을 대상으로 하는 과학적 이론은 본질적으로 물질 연관적이다. 보거나 듣거나 하는 모든 감각작용은 연장성을 근간으로 하는 물질적 조건하에서만 가능하기 때문이다. 당연히 인간에 대한 과학적 지식은 인간의 물질적 조건과 구조 및 그들의 기능만을 고려할 뿐 비물질적 측면, 즉 정신적 측면에 대해서는 간여하지 않는다.

자연히 과학적 인간이해는 철저하게 물질적이고 생물학적인 지반 위에 서게 된다. 태어나는 시점에서 인간이면 누구나 본성적으로 구유하는 것은 단지 우리가 경험하는 인간적 활동

전체를 가능하게 하는 생물학적 조건들로서의 다양한 기관들 −사유기관으로서의 뇌를 포함하여− 뿐이라고 주장된다. 이들 자체는 어떤 식으로든 존엄성이나 도덕적 가치의 근거일 수는 없는 것들이다. 이런 관점에서는 후천적인 활동을 통해 인간화(humanization), 문화화(enculturation), 사회화(socialization) 과정을 거침으로써만 비로소 생물학적 인간이 고유한 가치를 지니는 인격체로 승화된다는 시나리오가 나온다. 자연히 이러한 인간화 과정을 결여한 경우나 그 과정을 성공적으로 수행할 능력 자체에 모종의 결함이 있는 경우에는, 인간이라는 종에 속함에도 불구하고 인격체로서의 존엄성과 가치를 부여하기 어렵다는 결론을 끌어낼 수 있다. 원칙과 현실 사이에서 빈번하게 발발하는 도덕적 번민의 짐을 덜어주는 매력적인 이론이 아닐 수 없다. 다만 이런 시나리오 하에서는 인간의 존엄성과 권리가 후천적으로 일정 조건을 충족시키는 데 따라 부여되는 것이며, 결국 어느 의미에서는 획득되는 것이라는 결론을 피하기가 어렵다. 인간이면 누구나 인간으로서의 존엄성과 고귀함을 지닌다는 표준신념과는 양립할 수 없는 것이다.

존엄성의 근거를 인간이라는 종에 속한다는 사실 자체 이후의 사태에서 이를 구하려는 모든 노력은 필연적으로 표준신념과 충돌할 수밖에 없다. 표준신념이 일반적으로 지지되기 위해서는 인간 존엄성의 근거가 어떤 식으로든 인간이라는 종에 수반되는 본래적인 사태로 자리매김되어야 한다. 표준신념의 정당성을 확보하는 근거처럼 간주되어 온 천부인권설이 그 하나의 예가 될 수 있다. 그러나 천부인권설의 외침은 사실상 계몽주의자들이 부르짖은 자연법적 측면에서 이해되든 아니면 종교적 신념에 입각한 것으로 간주되든 간에 일종의 이데올로기적 슬로건이거나 종교적 신앙일 뿐, 이론적 정당화라고 보기에는 어렵다. 니체가 "신은 죽었다"라는 선언을 배경으로 인간의 존엄성과 도덕성 역시 근거를 상실했다고 진단한 것에서 역설적으로 보여주듯이, 천부인권설은 이성적 논증에 의한 것이기보다 권위에 의해 수용되는 신념이며, 그것에 동의하는 자들에게만 유효한 것이기 때문이다.

이론적 정당화가 주어지지 않는다고 해서 표준신념이 허위라고는 할 수 없을 것이다. 하지만 인간의 존엄성에 대한 신념이 종교적 신앙의 대상은 아닌 마당에, 소위 이성의 시대라는 근대 이후 오늘날까지 이에 대한 설득력 있는 이론적 정당화를 발견하기가 쉽지 않다는 것은 역설적이다. 하지만 아이러니컬하게도 기껏해야 신의 권위나 계시된 진리에 입각해서 인간을 언급하는 데 만족했을 것 같은 중세 사상가들에게서 자연이성의 빛에 입각한 인간 본연의 모습에 대한 탐구를 발견할 수 있다. 소위 인간의 본질에 대한 탐구라고 통칭될 수 있는 논의들이 바로 그것인데, 그 하나의 전형을 토마스 아퀴나스가 보여 주고 있다.

본질이란?

규정성의 원리로서의 본질

본질이라는 용어는 그다지 우리에게 낯설지 않다. 하지만 그 정확한 의미를 말하기 어려운 것도 사실이다. 토마스 아퀴나스를 비롯하여 중세인들이 사용하는 '본질(essence)'이라는 용어의 의미는 어느 하나로 고정되어 있지는 않다. 하지만 그 가운데 중요한 두 가지 의미가 있는데, 그 중 하나는 "어떤 것을 다른 것이 아니라 바로 그것이게 만드는 것(that by which it is what it is rather than something else)"이다. 다시 말해 본질이란 우선적으로 종적 규정성의 원리인 것이다.

본질을 이렇게 이해할 때 우리는 흔히 하나의 종을 다른 종과 구별하게 해주는 원리가 무엇이냐에 대해 주목하기 쉽지만, 사실 종적 규정성의 원리인 본질은 그러한 구별의 원리뿐 아니라 그 종에 속하기 위해 반드시 지녀야 하는 모든 필연적 규정성들을 포함한다. 예를 들어 '인간은 이성적 동물'이라는 정의를 보자. 여기서 구별의 원리는 '이성적'이라는 규정성이다. 하지만 '이성적' 자체는 종(species)이 아니라 종차(specific difference)이며, 인간의 본질이 아니라 인간 본질의 한 부분이다. 이 정의에서 유(genus)에 해당하는 '동물' 역시 인간의 본질을 이룬다. 동물이라는 유에 속하지 않는 존재는 제 아무리 '이성적'이라 할지라도 인간일 수 없음을 이 정의는 말하고 있다. 그런데 어떤 것이 동물이기 위해서는 반드시 유기적 육체를 지녀야 하며 또한 감각작용의 주체여야만 한다. 따라서 '이성적 동물'이라는 정의는 인간을 이성과 동일시하는 것도 아니고 감각이나 육체를 경시하는 것도 아니다. 오욕칠정(五慾七情)은 인간의 육체적 본성에 따르는 본질적 사태이며, 자기 자신의 몸을 사랑하고 보존하려는 것 또한 인간에게 본질적인 욕구이다. 그렇지 않으면 인간이 아니다. 플라톤이나 데카르트처럼 철학자들 가운데는 인간의 감각적 측면을 저마다의 관점에 따라 부정적으로 바라본 사람들도 있지만, 토마스 아퀴나스가 보기에 육체와 감각작용 및 감각적 욕구는 인간에게 본질적인 것이기 때문에 통제되거나 억제되어야 하는 것이 아니라 잘 배양되고 충족되어야 할 것들이다.

그러나 육체와 연관된 본질은 인간만의 것이기보다 다른

동물종들과 공유하는 측면에 불과할 뿐이다. 인간을 다른 동물들과 구별하는 인간만의 고유한 특징은 앎(knowing)이라고 하는 지적 작용(intellectual operation)을 수행한다는 사실이다. 그렇기 때문에 묻고자 하는 것이 다른 어떤 것의 본질이 아니라 인간의 본질이라면, 논의는 자연히 인간의 지성성에 모아지게 된다. 물론 근본적인 것은 단순히 종차로서의 지성성 자체가 무엇인가를 이해하는 데 그치는 것이 아니라, 어떤 동물이 지성성을 자신의 종적 특성으로 지닌다는 것이 과연 어떤 의미를 함축하며 지성성을 지니지 못한 동물들과 어떻게 차별화되는가의 문제를 포함해서 보다 전체적인 맥락에서 인간을 이해하는 것이지만, 이를 위해서 여전히 관건은 지성성, 즉 지적 본성인 것이다.

혹자는 지성성이 왜 인간의 본성이냐고 물을 수도 있겠다. 하지만 지적 본성을 지녔다는 것은 우선적으로 인간 개개인이 예외 없이 앎의 주체라는 것 이외에 다른 의미가 아니다. 우리들 각자가 모두 스스로를 앎의 주체로 경험하는 한 인간이 지적 본성을 지녔다는 것은 경험적으로 자명한 사태다. '안다'는 행위 혹은 '앎'이라는 것이 도대체 무엇인가에 대해 질문할 수 있고,[3] 그에 따라 인간의 지적 본성이 의미하는 바에 대한 견해를 달리할 수는 있어도, 인간이 지적 본성을 지녔다는 사실 자체, 즉 앎의 주체라는 사실 자체는 부인할 수 없다. '본성'이라는 말 자체가 '그렇게 태어남'을 의미하는 것으로서[4] 인식론적 사태보다는 존재론적 사태를 의미하기 때문에, 어떤 존재자가 특정한 본성을 지님으로써 특정한 종에 속하는 존재자로 태어나는 이유는 인간이 그 존재자를 바로 그런 것이라고 인식하고 이해하는가의 여부와는 무관한 사태다. 우리 스스로가 자신을 인식 주체로 인식한다는 경험적 이유에서 인간이 지적 본성을 지닌다고 할 수도 있지만, 엄밀하게 말하면 우리 모두가 지성성을 자신의 본질로 포함하는 인간이라는 종에 속하기 때문에 본래부터가 — 우리가 그 점을 인식하든 못하든 간에 상관없이 — 인식의 주체이며, 스스로를 인식 주체로 이해하고 느끼는 것은 논리적으로 차후의 문제라고 말해야 옳다. 본질이라는 것 자체가 그에 대한 인간의 이해에 앞서는 존재론적 사태이기에 인간은 단지 그것을 밝혀내고 이해할 뿐 그것을 변화시킬 수는 없다. 물론 본질에 대한 인간의 이해는 불완전하고 불충분하며 왜곡되고 과장될 수 있다. 하지만 그것은 근본적으로 변화와 유동성을 특징으로 하는 유기적 존재세계와 배타적이고 고정적인 개념을 도구로 하는 인간의 사유세계 사이에 가로놓인 어쩔 수 없는 간극에 기인하는 사태일 뿐 본질 탐구의 무의미성에 대한 증거는 아니다.

이러한 존재론적 규정성으로서의 본질 혹은 본성이 지적이라는 데서 토마스 아퀴나스는 인간의 고유한 존엄성과 가치, 도덕성, 자유 및 권리 등에 대한 근거를 찾고 있다. 다시 말해 이러한 것들은 모두 인간이기 때문에, 즉 인간이라는 종에 속하는 구성원이라는 사실 때문에 누구에게나 해당하는 것으로 자리매김된다. 쉽게 말해보자. 인간이 고유한 가치를 지닌 자기 목적적 존재인 이유는 인간이 아는 존재이기 때문이다. 인간이 자유로운 이유, 그리고 자유를 침해당하지 않아야 하는 이유 역시 인간이 아는 존재이기 때문이다. 인간이 도덕적 가치를 지닌 존재이면서 동시에 도덕적으로 행위해야만 하는 존재인 이유도 마찬가지로 인간이 아는 존재이기 때문이다.

작용의 원리로서의 본질

본질이라는 용어의 또 다른 주요 의미는 작용의 원리(principle of operation)라는 것이다. 작용의 원리로서 고려된 본질을 토마스 아퀴나스는 본성(nature)이라는 용어로 구별하여 칭한다. 사실 종적 규정성의 원리로서의 본질이나 작용의 원리로서의 본질 혹은 본성은 모두 동일한 것의 양 측면이다.

예를 들어, 한 존재자를 '고양이'라는 종에 속하게 하는 원리는 동시에 그 존재자가 특정방식으로 (즉 고양이처럼) 작용 또는 행하도록 하는 원리이기도 하다. '야옹'하는 것은 고양이로 태어난 것들이 후천적으로 습득하는 울음방식이 아니라 고양이라는 사실 자체에 본래적으로 내재된 울음방식이다. 고양이는 아무리 연습해도 '멍멍'하지 못한다. 진화론이 말하듯이 오랜 세월에 걸쳐 종적 행위방식에 변화가 있을 수는 있어도 그러한 종적 행위방식이 각 개체들의 몫으로 주어지는 후천적인 학습이나 성취의 결과는 분명 아니다. 개체들의 몫은 단지 행위의 정도, 예를 들어 얄궂게 야옹거리는지 음산하게 야옹

거리는지의 문제일 따름이다. 소가 되새김질하는 것은 소화불량에 걸려서가 아니라 소이기 때문이고, 날개가 달렸음에도 불구하고 푸드덕거리다 끝나는 것은 연습부족이나 능력이 모자라서가 아니라 그것이 닭이기 때문이다.

결국 하나의 종에 속한다는 것은 단지 그렇게 규정되고 결정된다는 것만을 의미하는 것이 아니라 그 종에 고유한 방식으로 작용하고 행한다는 것을 의미한다. 하지만 모든 존재자들이 존재한다는 점에서는 일치하되 모두가 같은 종류의 존재자는 아닌 것처럼 존재자들의 작용방식 역시 다양하게 나타나는데, 이는 바로 그들이 서로 다른 존재자이기 때문이다. 다시 말해 존재방식이 작용방식을 규정하는 것이다.[5] 따라서 존재방식을 규정하는 본질 혹은 본성은 동시에 작용방식을 규정하는 원리다. 생명체와 무생명체, 생명체 가운데 식물과 동물, 어류·조류·육상생물, 갑각류와 포유류 등의 구별은 모두 존재방식의 차이에 따르는 구별일 뿐 아니라 작용방식의 차이에 따르는 구별이기도 하다. 그런데 이들 가운데 외부의 힘에 의해서만 움직일 수 있는 무생명체와는 달리 자기 활동성을 지닌 생명체[6]의 경우야말로 엄밀한 의미에서 작용의 원리를 내재하고 있는 작용의 주체이며, 그렇기 때문에 이들의 본질은 곧 본래적으로 구유된 작용의 내적 원리라는 의미에서 본성으로 일컬어지는 것이다.

각 존재자들의 작용방식은 본성에 따라 결정되고 또 그러한 본성의 한계를 넘어설 수 없다. 인간은 날지 못하고, 독수리는 헤엄치지 못한다. 이러한 본성적 제약은 극복해야할 한계가 아니다. 반면에 본성에 의한 작용방식은 예기치 않은 방해가 주어지지 않는 한 그 실제 수행이 필연적이다. 그런 식으로 행하지 않을 수 없도록 되어 있는 것이다. 예를 들어 본성적으로 시력을 지닌 인간은 보지 않을 수 없다. 또한 보지 않을 때도 있고, 눈이 좋은 사람이 있는가 하면 나쁜 사람도 있다. 하지만 시력 자체를 상실하지 않는 한 — 시력의 상실은 본성에 따르는 규정성이 아니라 본성 이외의 다른 이유와 원인에 의해 야기된 본성의 결여다 — 일생을 통해 전혀 보지 않을 수는 없다.

한마디로 말해서 본질 혹은 본성은 확장, 즉 원래 규정된 작용방식 이외의 능력을 추가적으로 갖추어야 한다는 의미에서가 아니라 가능성의 실현, 즉 원래 갖추고 있는 작용방식을 실제로 수행하고 현실화해야 한다는 의미에서 삶의 과정을 통해 보다 완성되어야 한다. 한 존재자는 존재하기 시작할 때 이미 자신의 본성에 의해 특정 종에 속하는 하나의 존재자로서의 모든 규정성을 두루 구비했다는 의미에서 종적 완결성을 지니지만, 동시에 본성에 따르는 작용을 수행함으로써 보다 완성되어야 하는 존재이다. 본성이라는 용어는 이 두 측면을 모두 포함하는 개념이다.

지적 ^{본성}

인간의 본성이 지적이라는 것은 앎의 능력인 지성이 인간이라는 종에 속하는 모든 구성원에게 본래적으로 고유하다는 것과 그에 따라 모든 인간은 삶의 과정을 통해 필연적으로 앎이라는 작용을 수행하도록 되어 있다는 의미까지를 함의한다. 물론 각 개인이 지닌 지적 능력이 모두 동일하다는 것을 의미하는 것은 아니다. 머리가 좋고 나쁜 차이가 모두 후천적 요인에 의한 것만은 아닐 수 있다는 말이다. 게다가 자신의 지성을 어떻게 사용하는가 하는 것은 그야말로 본성에 입각해서는 말할 수 없는 각 개인의 실존적 문제다. 하지만 그야말로 머리가 좋든 나쁘든, 학문을 하든 장사를 하든, 선한 사람이든 악한 범죄자든 간에 인간이면 누구나 앎의 작용을 수행한다는 점에서는 동일할 뿐 아니라 그 작용은 필연적이라는 것이 바로 본성이 지적이라고 할 때 의미하는 바다. 인간이면 누구나 수행하지 않을 수 없는 작용이 바로 앎이라는 말인데, 이것은 과연 어떤 작용인가?

흔히 흉내내기의 대명사로 원숭이를 꼽지만 제아무리 원숭이라도 인간을 따라가지 못한다. 원숭이는 사람의 동작을 흉내 낼지언정 자신이 사람인 척하지는 못하지만, 인간은 단순한 흉내를 넘어서 자신이 바로 그 대상인 척할 수 있는 것이다. '입장 바꿔보기'는 오직 인간에게만 가능하다. 뿐만 아니라 인간은 상황을 흉내내거나 재연하기도 하고, 경우에 따라서는 가설적 상황을 연출하기도 한다. 인간만이 연극을 하고 인간만이 롤플레잉(role-playing) 게임을 즐긴다.

그런데 롤플레잉이란 무엇인가. 한마디로 내가 나 아닌 다른 존재자의 역할을 하는 것이다. 쉽게 말해서 적어도 그 순간에는 내가 남이 되는 것이다. 물론 물리적·육체적으로 다른 것이 되는 것은 아니다. 여전히 육체적으로는 내가 나인 채 남아 있다. 그럼에도 불구하고 나는 그 순간 정신적으로는 남이다.

토마스 아퀴나스는 인간이 그럴 수 있는 이유를 바로 인간의 지적 본성에서, 즉 인간이 앎을 수행하는 존재라는 데서 찾는다. 그에 의하면 인간은 경험을 통해 외부 대상들과 접촉하는 방식으로 그들과 거래하는데 그치는 것이 아니라, 앎이라는 작용을 통해 그 대상들이 지닌 규정성들을 자신의 내부로 끌어들인다. 이러한 앎 덕분에 인간은 대상이 경험되지 않을 때에도 그 대상을 떠올리거나 사유할 수 있다. 나아가 앎을 통해 수용하는 규정성은 곧 한 존재자를 바로 그러한 존재자이게 하는 것이기 때문에, 다른 존재자의 규정성을 자신 안에 지닌다는 것은 타자를 자신 안에 수용하는 것이면서 동시에 자신이 타자가 된다는—물론 앎이라는 비물질적 작용을 통해 비물질적이고 정신적인 방식으로지만—것을 의미한다. 내가 고양이를 안다고 해서 내가 고양이가 되는 것은 아니지만, 고양이를 알기 때문에 고양이인 것처럼 행동하면서 쥐를 위협하거나 개 앞에서 위협을 느끼는 경우와 상황을 생각할 수 있는 것이다. 이런 의미에서 토마스 아퀴나스는 앎을 인식주체가 "자기 자신으로 남아 있으면서 비물질적인 방식으로—즉 정신적인 방식으로—타자로서의 타자가 되는 것"이라고 말한다.[7] 대상이 규정성이 인식주체 안에 존재하게 되는 작용으로서의 앎이란 오늘날의 통념과는 달리 그에게 있어 인식론적 상태이기 이전에 우선적으로 존재론적인 상태인 것이다.

그렇다고 해서 앎이 오직 외부 대상에 대한 것만은 아니다. 인간은 앎을 포함하여 스스로가 수행하는 작용과 자신의 욕구를 포함하여 자기 자신에 대해서도 인식하는 존재이다. 그렇기 때문에 인간이 수행하는 행위의 종류를 나열할 경우 앎은 그 가운데 하나의 작용에 불과한 것으로 간주될 수 있지만, 사실 앎은 인간의 행위를 지배하는 원리이기도 하다. 토마스 아퀴나스는 인간의 행위(act of man), 즉 인간이 수행하는 모든 행위와 그 중의 일부인 인간적 행위(human act)를 구별하는데, 양자의 차이는 바로 그 행위가 앎에 의해 매개되었는가의 여부에 달려있다. 심장이 뛰거나 소화·흡수 및 신경세포의 작용 등과 같이 소위 생명작용이라 일컬어질 만한 것들은 앎과 무관하게 일어나는 작용들이므로 인간의 작용이되 인간적 작용은 아니다. 그러나 인간으로서의 인간의 작용, 인간이 삶을 영위해 나가는 데 있어서 인문사회적으로 실존적 의문을 일으키는 모든 작용들은 바로 지성에 의한 앎을 매개로 할 뿐 아니라 그러한 앎을 원리로 한다.

인간은 이해된 선만을 추구한다

인간의 행위에 있어서 앎의 역할을 말하기 위해서는 목적론적 세계관에 주목해야 한다. 그런데 이에 반대되는 소위 기계론적 결정론이라고 하는 세계관을 나는 이해하지 못한다.

존재하는 모든 것은 어떤 목적을 향해 있다는 것이 목적적 세계관이다. 아니, 존재한다는 것 자체가 이미 어떤 목적을 지향하는 것이라고 해야 더 정확할 것이다. 존재한다는 것은 곧 작용한다는 것이고, 작용한다는 것은 항상 어떤 목적을 향해 있기 때문이다. 모든 존재자는 자신이 수행하는 행위들─정지해 있는 것 역시 하나의 행위다─을 통해 목적을 추구한다.

그런데 목적이란 무엇인가? 그것은 아직 도달·달성·획득·성취되지 않은, 그러나 그렇게 되면 좋기 때문에 어떤 식으로든 추구되는 것이 바로 목적 아니던가? 즉, 목적이란 그것을 추구하는 자에게 아직 없는, 그러나 있으면 '좋은 것'─즉 선

(good) — 이다. 모든 존재자는 선을, 오로지 선만을 추구하고, 모든 행위는 오직 선을 목적으로 행해진다. 악을 추구하거나 악이기 때문에 행하는 경우는 없다. 이 대목에 대해 의아해 하는 사람들도 있을 줄 안다. 역사는 물론이고 현재에도 언론보도에 넘쳐나는 것이 바로 악행을 일삼거나 도모하는 사람들에 대한 이야기들이고, 자연계에서 숱하게 벌어지는 것이 바로 약육강식의 냉혹하고 처참한 살육의 연쇄 아니냐고 반문할 수 있겠다.

하지만 행위를 당하거나 바라보는 입장에서는 몰라도 행위 주체의 관점에서 바라보면 자신에게 악인 것을 목적으로 하는 경우는 결코 없다. 호랑이가 사슴을 무자비하게 공격하여 잡아먹는 것은 사슴에게 분명히 파국적인 악이다. 하지만 호랑이는 사슴에게 악을 행하기 위해서가 아니라 자신의 생명 유지라는 선을 위한 행위일 뿐이다. "악한 짓만 골라서 하겠다"고 마음먹은 사람일지라도 그가 말하는 '악'은 남(들)이 혹은 사회가 악으로 간주하는 행위를 의미할 뿐, 그가 그 행위를 하는 까닭은 어떤 이유에서든 그 행위가 자신에게 적어도 그 순간에는 '좋은' 것이기 때문이다. 악행의 대명사이자 예수 그리스도를 시험한 사탄이 악을 도모하는 이유는 우리에게 나쁜 것으로 간주되는 것들이 적어도 그에게는 좋은 것이기 때문이지, 자기 자신에게마저 나쁜 것이기 때문은 아니다. 지존파도, 731부대의 저 마귀 같은 놈들도 모두 마찬가지이다. 남들에게는 어떨지 몰라도 자신에게 악인 것을 행하거나 추구하는 사람은 없다. 물론 추구되는 모든 것과 그것을 추구하는 모든 행위가 다 선하다는 말은 아니다. 선을 목적으로 행한다는 것과 그러한 행위 자체가 선하다는 것은 다르며, 모든 존재자는 선을 추구하고 선을 목적으로 행하지만, 그렇다고 해서 추구되는 모든 것이 반드시 선이라고는 할 수 없다.[8]

그런데 선 또는 목적을 추구하는 방식은 크게 두 가지로 구별할 수 있다. 하나는 행위자 스스로가 목적을 인식하고 그것을 추구하는 경우인데, 자연계에서는 지적 본성을 지닌 인간만이 이러한 존재이다. 다른 하나는 행위자 스스로 목적에 대한 인식을 지니지 못하는 경우이다. 이 경우에는 행위의 목적이 행위자 자신의 것이기보다는 타인에 의해 설정된 목적에 따라 행위하는 경우인데, 사실상 인식능력을 지니지 못한 자연계의 모든 존재자들은 바로 이런 식으로 행위한다고 말할 수 있다. 이는 다시금 두 가지로 구분된다. 화살이 과녁을 향해 날아가듯이 행위의 목적뿐 아니라 그 행위의 힘까지도 외부에서 부여된 경우와 동식물들의 자발적 행위처럼 행위의 힘은 내부에서 비롯되지만 그 목적만 외부에서 부여된 경우이다. 그런데 화살의 경우는 쉽게 이해할 수 있지만 동식물의 경우 목적이 외부에서 부여된다는 점은 선뜻 수긍하기 어려울 수도 있다. 하지만 여기서는 인간 이외의 생명체들이 스스로 설정한 목적에 따라 행위하는 것은 아니라는 점만을 명확하게 해두자. 지적 이해능력을 지니지 못한 동물들은 목적에 대한 인식에 따라 행위하는 것이 아니라 본성에 따라 행위한다. 그 행동방식은 본능적이다. 쥐는 고양이 앞에서 살기 위해 도망가고, 허기진 배를 채우기 위해 치즈를 찾는다. 막다른 골목이 아닌 한 고양이에게 덤벼들거나, 가난한 주인집 치즈를 놔두고 일부러 부잣집 치즈를 찾아 먹는 쥐는 없다. 쥐는 그렇게 행동하도록 본성적으로 규정되어 있다. 그렇게 행위하지 않는 것은 쥐가 아니다. 본성은 필연적이기 때문이다.

반면에 살기 위해 몸부림도 치지만 자살을 기도하기도 하고, 먹을 수 있는 것이 지천에 널렸는데도 단식투쟁을 벌이다 굶어 죽는 것이 인간이다. 본성적 필연성 때문이 아니다. 나름대로 이유가 있어서다. 인간은 스스로 이해하고 설정한 목적에 따라 행위한다. 다시 말해 인간의 인간적 행위를 지배하는 것은 바로 선과 목적에 대한 인식 혹은 앎이다. 스스로 어떤 목적을 설정하고 지향하느냐에 따라, 어떻게 하는 것이 좋은지에 대한 판단에 따라 인간의 행위는 동일한 조건과 상황에서도 달라질 수 있다. 물론 그 '좋음'의 판단은 잘못된 것일 수 있다. 예기치 않은 파국적 결과를 가져올 수도 있다. 그럼에도 불구하고 여전히 인간은 스스로 선이라고 이해한 것만을 추구하고 좋다고 판단한 대로만 행동한다. 평양감사도 저 싫으면 그만이다. 토마스 아퀴나스의 말을 빌어 표현하자면 인간은 항상 선이라고 이해된 것, 즉 이해된 선(bonum apprehensum)만을 추구하는 존재다.[9] 인간의 경우 본성은 구체적으로 어떤 것을 추구하고 구체적으로 어떻게 행하라고 명령하는 것이 아니라 그것들을 자신의 앎에 의해 스스로 규정하여 행하라고 명령한다. 자신이 이해한 바에 따라 스스로 결정하여 행하라는 것, 이것이야말로 남녀노소·빈부귀천·학력의 고저를 막론하고 지적 본성을 지닌 인간에게만 부여된, 행위방식에 있어서의 본성적 필연성이다. 사고를 당해 식물인간이 되거나 하는 등의 이유로 그 실제 수행이 좌절될 수는 있지만, 그렇지 않은 한 이와 같은 본성의 명령을 벗어날 수 있는 인간은 없다.

바로 이러한 지적 본성이 인간의 자기 목적성과 자유 그리고 도덕성 모두의 근거가 된다. 아는 바에 따라 행하도록 되어 있는 인간은 누구나 남이 아니라 자신이 목적으로 이해한 것을 추구하도록 되어 있는 자기 목적적 존재이다. 인간은 남이 이해한 바가 아니라 자신이 이해한 바에 따라 스스로 결정하여 행하도록 되어 있는 존재이기에 스스로의 행위에 대한 주인이라는 의미에서 자유로운 존재이며, 자신이 아는 것 가운데 최선으로 이해한 것과는 다른 식으로 행할 수 있음에도 불구하고 최선에 따라서 행위해야만 하는 당위성을 지닌 도덕적 존재인 것이다. 이 모두가 지적 본성에서 필연적으로 수반되는 사태들이다. 이 가운데 자유와 도덕성에 대해서는 좀더 부연해야 할 필요가 있다. 물론 자기 목적성 역시 그것이 함의하는 바는 그리 간단치 않다. 하지만 여기서는 모든 인간이 자기 목적적이라는 점에서 일치하되 각자가 지향하는 목적의 구체적 내용은 일치하지 않는다는 점만을 지적하고 자유와 도덕성에 대한 논의로 넘어가 보자.

자유, 그리고 도덕성

    흔히 자유라고 하면 '마음대로 함'을 떠올린다. 틀린 말은 아니다. 하지만 '마음대로 못함'이 모두 부자유는 아니다. 마음대로 못하는 이유가 나의 의사에 반하는 남(들)의 강제나 억압 때문이라면 그것은 부자유일 수 있지만, 그 이유가 '날고 싶다'처럼 본성적 한계 때문이거나, '놀고먹고 싶다'처럼 현실 질서에 위배되기 때문이거나, '하기 싫지만 해야 한다'처럼 스스로를 제약하는 경우 등은 엄밀하게 말해서 부자유라고 할 수 없다. 규범적 혹은 법적 규제 때문에 행동이 제약되는 것 역시 부자유라고만은 할 수 없다. 그렇기 때문에 '마음대로 함'이 자유라고 할 때 그 의미는 상당히 조건적이다. 오히려 타인의 의사에 따라서가 아니라 스스로의 의사에 따라서 행위하는 것을 자유라고 이해하는 것이 보다 적절할 것이다. 그렇기 때문에 자유는 단순히 스스로 움직일 수 있다는 의미에서의 자발성(spontaneity)을 넘어서 스스로의 명령과 법에 따라 움직인다는 의미에서 자율성(autonomy)을 의미하며, 이런 의미에서 토마스 아퀴나스는 자신의 행위에 대한 주인이자 원인으로서 스스로의 행위를 지배하는 것을 자유라고 한다.[10]

토마스 아퀴나스의 입장에서 본다면, 자유에 대한 일반적 이해에서 흔히 간과되고 있는 점은 자유가 인간이 애써 획득하고 행사하는 것이기 이전에 원칙적으로 인간에게 부여된 필연적 사태로서 인간의 본성적 행위방식을 일컫는 용어라는 점이다. 자유에는 두 측면이 개입되는데, 하나는 남에 의해 강제나 강요되지 않는다는 것이고, 다른 하나는 스스로 자기 규정을 해야 한다는 것이다. 이 가운데 흔히 전자의 측면, 즉 강제나 강요로부터의 해방만이 강조되기 쉽다. 오늘날 문제가 되는 자유는 대부분 이와 관련된다. 하지만 강제나 억압의 부재가 곧 자유라고는 할 수 없다. 사자가 우리를, 새가 새장을 벗어난다는 것은 인간에게 자유로움을 향하는 표상처럼 간주될 수 있지만, 그렇다고 해서 사자나 새가 자유롭다고는 할 수 없다.

인간의 자유 역시 단순히 외적 강제나 억압의 부재에서 성립하는 것은 아니다.[11] 자유로운 인간들 사이에는 자신의 의사에 따라 남의 자유를 침해하는 소위 '부당한' 강제나 억압이 있을 수 있기 때문에, 인간의 사회적 삶에서는 강제나 억압으로부터의 해방이 중요한 이슈이지만, 그렇다고 해서 그것이 자유에 관한 논의의 전부일 수도, 근본적인 것일 수도 없다. 인간학적 관점에서 보다 중요한 것은 바로 자율성의 측면, 즉 스스로 자기 행위를 규정하고 지배한다는 측면이다.

선(善) 판단의 개연성과 의지의 자유

자유는 궁극적으로 인간적 행위방식을 일컫는 것이지만, 보다 구체적으로 말하면 자유를 행사하는 주체는 지성이 아니라 의지다. 다시 말해 자유는 인간의 행위가 행위의 주체 이외의 다른 어떤 것에 의해 필연적으로 규정되지 않는다는 의미인데, 여기서 행위의 주체는 궁극적으로는 인간 자신이지만 세부적으로는 선을 추구하는 가운데 행위를 실제로 일으키게 하는 작용능력으로서의 의지다. 토마스 아퀴나스는 의지(will)를 지적 욕구능력, 즉 선을 대상으로 추구하고 지향하는 인간의 모든 욕구능력 가운데 특히 지성, 즉 앎에 따르는 욕구능력으로 이해하는데, 이러한 의지가 바로 인간이 지닌 여러 능력들 가운데 자유의 주체로 이해될 수 있는 능력이다.

앞에서 인간이 자유로운 이유를 인간이 아는 존재이기 때문이라고, 정확하게는 자신이 아는 바에 따라 스스로 결정하여 행하는 존재이기 때문이라고 밝힌 바 있는데, 이는 앎이 인간의 행위를 필연적으로 규정한다는 의미는 아니다. 인간이 자유로운 이유, 즉 스스로 결정하여 행할 수 있는 이유는 인간이 지성을 지녔기 때문이지만, 실제로 그렇게 결정하고 행하는 자유의 주체는 지성이 아니라 의지다. 자유란 지성의 앎에 의지가 필연적으로 따르지 않을 수도 있는 데서 성립하는 것이기 때문이다. 인간은 이해된 선만을 추구한다는 앞서의 언급이 의미하는 바를 분명하게 함으로써 이를 좀더 이해해 보자.

대상에 대한 지성의 선 판단은 두 측면에서 고려될 수 있는데, 그 중 하나는 대상 자체의 측면이다. 그 누구도 이미 가지고 있거나 가져봐야 별반 좋을 것 없는 대상을 추구하지는 않기 때문에, 어떤 대상에 대해 지성이 선으로 판단하는 이유는 추구하는 자에게 있으면 좋되 아직은 가지지 못한 것을 그것이 가지고 있다고 이해하기 때문이다.

어느 하나가 가지고 있는 것을 다른 것이 가지지 못했다는 것은 곧 그들이 구별되는 이유이기도 하다. 두 존재자가 모든 면에서 동일한 성질이나 특성을 지녔다면, 그 둘은 둘이 아니라 하나이다. 예를 들어 두 개의 분필이 색과 모양, 크기뿐 아니라 점유하고 있는 공간상의 위치마저도 같다면 그 분필은 두 개가 아니라 하나다. 그렇기 때문에 서로 다른 여러 대상들 가운데 지성이 어느 하나를 선으로 판단하는 이유는 그것이 가진 특정한 선의 측면 때문이다. 빨간색 동강난 분필과 흰색 새 분필 중에서 전자는 빨간색이라는 점에서 선으로 간주될 수 있고, 후자는 동강나지 않은 새 분필이라는 점에서 선으로 간주될 수 있다. 역으로 말하면 전자는 동강났다는 점에서 후자에 비해 선이 아닌 것으로, 후자는 전자에 비해 빨간색이 아니라는 점에서 선이 아닌 것으로 판단될 수 있다. 이런 마당에 빨간색·새 분필이 등장한다면, 그것은 당연히 앞의 것들보다 더 좋은 것으로 판단될 것이다. 하지만 파란색 분필이 눈앞에 놓인다면, 다시금 이러한 상황은 반복된다.

다시 말해 자신이 지니지 못한 것을 지닌 존재, 즉 타자를 인정하는 모든 존재는 유한자이며, 유한지에 대한 선 판단은 필연적이 아니다. 특정 관점에서 선으로 판단될 수도 있지만 다른 관점에서는 선이 아닌 것으로 판단될 수도 있다. 이처럼 모든 면에서가 아니라 특정한 면에서 선으로 판단되는 유한자들을 토마스 아퀴나스는 '특수선(particular good)'이라고 했다. 만약 모든 면에서 선으로 판단될 수 있는 것이 있다면, 다시 말해 모든 면에서 부족함이 없는 대상이 있다면, 그것은 선으로서의 불충분함이나 불완전함이 전혀 없는 완전선(perfect good) 혹은 선 자체이며, 그에 대한 선 판단은 필연적이고 또 그에 대한 추구 역시 필연적이다. 이러한 완전선은 두 관점에서 말할 수 있다. 하나는 존재론적 관점에서 모든 완전선을 실현하고 있는 완전선 그 자체이자 타자를 허용하지 않는 무한자인데, 그러한 존재가 실제로 존재하는가의 여부와는 별도로 그것은 일반적으로 신이라고 일컬어진다. 다른 하나는 존재론적 관점이 아니라 선 판단의 주체인 인간의 관점에서 자신의 모든 욕구와 추구가 궁극적으로 지향하는 최종 목적이자 가장 완전한 상태로서 자신에게 필요한 모든 선이 충족되어 더 이상의 욕구가 필요치 않으리라고 이해되는 상태, 즉 행복이다.[12)]

대부분의 경우 행복은 주로 외부의 조건에 따라 좌우되는,

지속될 수는 있되 근본적으로 일시적인 느낌과 관련된 심리적 상태라고 이해된다. 이해 비해 토마스 아퀴나스가 말하는 행복이란 그야말로 인간의 모든 욕구가 충족되고 그에 따르는 갈등이 모두 해소된 자기 충족적 상태이되, 이 땅에서는 실현될 수 없고 오직 삶의 모든 순간을 통해 추구되고 지향되는 궁극목적 또는 최종목적으로 이해되어야 한다. 삶의 순간과 과정을 통해 인간이 추구하는 모든 목적들은 모두 궁극목적인 행복을 목적으로 하는 수단적 가치를 지닌다. 그렇기 때문에 행복을 제외한 다른 모든 목적들에 대해서는 '왜 그것을 추구하는가?'의 물음이 가능하지만, '왜 행복하려고 하는가?'의 물음은 문법적 명제로나 가능할 뿐 사실상 불가능하다. 따라서 완전선인 행복에 대한 선 판단은 필연적이며, 그에 대한 인간의 추구 역시 필연적이다.

하지만 행복은 다른 모든 목적들을 수단으로 하여 지향하는 궁극목적 또는 최종목적이라는 의미일 뿐, 그 구체적 내용까지가 규정된 것은 아니다. 사실 그 구체적 내용에 대해서는 저마다 다르게 이해할 수 있다. 그렇기 때문에 "난 행복하기 싫어!"라고 한다면 그것은 행복 자체에 대한 거부가 아니라 아마도 누군가가 말하는 행복의 구체적 내용에 대한 거부일 것이다. 행복이 싫다는 것이 아니라 '그런 내용의 행복'은 싫다는 것이다. 한편, 모든 면에서 선으로 이해된 행복 이외의 다른 모든 특수선들에 대한 지성의 선 판단은 필연적이 아니며, 그에 대한 추구 역시 필연적이 아니다.[13]

지성의 선 판단에서 고려되어야 하는 다른 하나의 측면은 바로 지성의 능력 자체이다. 인간의 모든 작용은 항상 '지금 여기에(here and now)'라는 구체적인 상황에서 구체적인 대상과 관련하여 구체적으로 일어나는 것이기 때문에, 행위를 목적으로 대상의 선을 판단하는 실천지성 역시 행위의 대상이 되는 구체적 사물과 행동에 대해 판단해야 한다. '배가 고프니 뭘 좀 먹자'라는 판단만으로는 실제 먹는 행위로 이어지지 않는다. 한 걸음 더 나아가 '지금 눈앞에 놓인 저 밥'이 그러한 욕구충족을 위해 좋은 것인지에 대한 판단까지 해야만 비로소 행위로 이어질 수 있다. 구체적 대상인 그 밥이 먹기에 좋지 않은 것으로 판단되면 아무리 '뭘 좀 먹자'는 욕구가 있다 하더라도 실제 행위는 일어나지 않는다. 그런데 구체적 대상에 대한 판단에서 완성되는 실천이성이지만, 그 역시 지성의 작용인 한 본질적으로는 보편적 인식능력이다. 다시 말해 실천지성의 판단은 보편적인 판단일수록 필연성과 확실성이 담보되지만, 개별적이고 구체적인 사례로 내려갈수록 개연적이 될 수밖에 없다.[14]

토마스 아퀴나스에 따르면 실천지성의 질서에서 가장 자명한 명령은 '선은 행하고 악은 피하라'라는 것인데, 이 명령은 이론지성에서 제1원리들이 지니는 필연성만큼이나 필연적인 실천지성의 제1원리이다. '남에게 피해를 주지 말라'라는 명령 역시 남에게 까닭 없이 피해를 주는 행위는 선이 아니라 악이라는 판단에 따라 이러한 제1원리에서 바로 이어지는 보편적 명령이며, 그만큼은 필연적이다. 하지만 그 내용이 구체성을 띨수록 필연성은 떨어진다. 일반적으로 잘못을 저지른 학생에게 자신의 행위에 대한 책임감을 불어넣어 주려는 선도 목적의 처벌을 내리는 것은 선이지만, 감정적으로 대응하는 것은 선이 아니라고 판단할 수 있다. 하지만 그 처벌이 체벌일 경우에도 여전히 선인가에 대해서는 얼마 전 우리 사회에서도 뜨거운 논란이 있었다. 나아가 처벌이 결국은 선도의 목적 하에 정당화되는 것이라면, 학생 개개인의 편차를 고려하지 않고 일률적인 잣대로 처벌을 가하는 것이 과연 선인가의 문제도 제기될 수 있다. 하물며 '이러저러한 학생에 의해 이러저러한 이유로 이러저러한 상황에서 벌어진 이러저러한 경우'에 대한 명쾌하고 의심 없는 판단이 용이하지 않다는 것은 말할 것도 없다.

정리해 보자. 실천지성의 선 판단은 궁극목적을 제외한 특수선에 관한 한 개연적이며, 그것도 구체적인 사례에 접근할수록 더욱 개연적이 된다. 실천이성이 선으로 판단하여 의지에 제시한 구체적 특수선은 항상 그 반대의 측면, 즉 선이 아닌 것으로 판단될 여지가 충분히 있는 것이다. 그렇기 때문에 의지는 지성이 제시한 선 판단을 수용하여 따를 수도 있지만, 그 반대 측면의 관점에서 지성의 명령을 따르지 않을 수도 있다. 실제로 행위를 수행하는 것은 의지의 작용이기 때문에, 지성의 명령에 대한 의지의 이러한 선택과 결정이 바로 의지에게 주어진 자유의 영역이다. 다시 말해 자유란 특수선에 관한 지성의 선 판단이 필연적이 아니며, 그렇기 때문에 그에 대한 의지의 추구가 필연적이지 않다는 데서 성립하는 것이다.

올바른 이성과 의지의 개입

하지만 지성의 판단을 의지가 수용하지 않는 데는 반드시 이유가 있어야 한다. 의지는 여전히 이해된 선을 추구하는 능력이기 때문에, 지성에 의해 선으로 이해되어 제시된 것을 무조건 거부할 수는 없는 것이다. 다시 말해 의지가 지성에 의해 선으로 제시된 것을 수용하지 않는 이유는 의지가 선을 외면하기 때문이 아니라 적어도 그 순간에 그것을 대치할 수 있는 다른 선이 더 선호되기 때문이다. 그런데 선 판단은 여전히 지성의 몫이지 의지의 몫이 아니다. 지성이 선으로 판단한 것과는 별도로 의지가 나름대로 선으로 판단한 것을 선호하여 추구할 수는 없다. 의지는 지성이 제시한 선이 아닌 다른 선을 추구하기 위해 지성에 일치하지 않을 수 있지만, 그럴 수 있는 이유는 여전히 지성이 그것을 선으로 판단하기 때문이다.

얼핏 앞뒤가 맞지 않는 듯 보일 수 있는 토마스 아퀴나스의 이런 주장은 구체적이고 개별적인 특수선에 관한 지성의 선 판단이 어떤 방식으로 이루어지는지를 살펴봄으로써 해소될 수 있다. 여기서 고려되어야 하는 점은 두 가지다. 하나는 지성의 선 판단이 목적의 관점에서 이루어진다는 점이고, 다른 하나는 개별적이고 구체적인 지성의 선 판단은 보다 보편적이고 일반적인 지식 혹은 선 판단을 구체적인 행위의 결정에 적용하는 방식으로 이루어진다는 점이다.

우선 전자를 보자. 앞서 궁극목적인 행복 이외의 다른 모든 것에 대한 실천이성의 선 판단은 필연적이 아니라는 점을 언급한 바 있다. 그런데 선으로도 선이 아닌 것으로도 판단될 수 있는 것이 굳이 선으로 판단되는 이유는 무엇일까? 행복 이외의 모든 것이 선으로도 선이 아닌 것으로도 판단될 수 있는 마당에 주어진 상황에서 굳이 그 가운데 특정한 하나만을 선으로 판단하는 이유는 무엇인가? 선으로 판단되지 않으면 행하거나 추구할 수 없고, 그렇기 때문에 아무것도 선으로 판단하지 않으면 아무것도 할 수 없는 상황에서, 그렇다고 아무것도 안 하며 사는 것은 불가능하고 무엇인가를 하기는 해야 하겠기에 대충 아무거나 골라잡는 것인가?

토마스 아퀴나스는 이를 목적과의 연관성에서 설명한다. 다시 말해 그 자체만 놓고 볼 때는 선일 수도 선이 아닐 수도 있는 것이 굳이 선으로 판단되는 이유는 추구하는 목적의 달성에 그것이 적합하다고 판단되기 때문이다. 공부하는 것도, 밥을 먹는 것도, 일을 하는 것도 그것이 다 어떤 목적에 적합하기 때문이다. 물론 그러한 행위들에 의해 추구하는 목적들 역시 다른 목적을 위한 수단적 가치를 지닐 수 있는 것 - 토마스 아퀴나스는 이를 경과목적(proximate end)이라고 한다[15] - 들로서, 궁극적으로는 모두가 행복이라는 목적으로 수렴된다. 어쨌든 추구하는 목적이 무엇이냐에 따라 그에 적합한 수단은 다르기 때문에 목적에 따라 동일한 것이 선으로도 선이 아닌 것으로도 판단될 수 있다. 독약은 삶을 목적으로 할 때 악이지만, 죽음을 목적으로 할 때는 선이 아니던가.

둘째 측면, 즉 구체적 상황에 대한 지성의 선 판단은 보다 보편적인 선 판단을 구체적 행위에 적용하는 식으로 이루어진다. 우선 하나의 예를 들어보자. 잘못을 저질러 벌을 받아야 하는 학생을 앞에 둔 교사의 경우를 생각해 보자. 교사의 임무는 학생을 올바로 교육하는 것이라는 판단, 교육은 단지 지식의 전수에만 있지는 않다는 판단, 잘못을 저지른 학생을 아무런 조치 없이 방치하는 것은 교육적이지 않다는 판단, 그렇지만 학생들도 인격체이므로 인격적으로 대해야 한다는 판단, 체벌보다는 훈계가 인격적으로 대하는 것이라는 판단에 따라 그 상황에서 매를 때리기보다는 타일러 보내기로 결정한 경우, 앞의 다섯 판단은 구체적인 행위와 관련된 구체적 판단이 아니라 보다 일반적인 판단인 반면, 실제 행위로 이어지는 마지막 판단은 일반적 판단들로부터 이끌어 낸 실천지성의 최종판단으로서 보편적 지식이 구체적 사례에 적용된 것이다. 이러한 판단의 과정은 마치 이론지성이 전제로부터 결론을 이끌어내는 것과 같은 지적 추론의 형태를 띠고 있으며, 이 과정에서 부당한 비약이나 오류가 없는 한 실천지성의 최종판단은 올바른 것이다. 물론 이러한 최종판단은 고려되는 보편적 판단이 얼마나 많고 또 얼마나 그 상황에 적합한가에 따라 달라질 수 있다. 게다가 적절한 보편적 판단이 적절하게 동원된다

하더라도 최종판단에 필연성이 담보되는 것은 아니다. 그럼에도 불구하고 실천지성의 올바른 최종판단은 주어진 상황과 조건하에서 판단의 주체가 내릴 수 있는 최선의 판단이라는 가치를 지닌다. 토마스 아퀴나스가 의지는 지성의 명령을 따라야 한다고 말할 때 지성에 의해 의미하는 바는 바로 이러한 실천지성의 올바른 최종판단, 즉 올바른 이성(recta ratio)이다.

올바른 이성이란 결국 목적의 달성을 위해 어떤 것이 가장 최선의 수단인가에 대한 지성의 최선의 판단이다. 물론 그것은 이론지성과는 달리 오직 지적 측면만을 고려하는 것은 아니다. 감각적 욕구를 포함한 인간의 모든 욕구가 지성에 의한 앎을 매개로 추구되듯이, 지성의 선 판단 역시 감각적 욕구를 포함한 비지성적 요인들에 대한 고려를 포함한 상태에서 이루어진다. 버스를 탈지 지하철이나 택시를 탈지를 고려할 때 비용과 호주머니 상태, 시간 등의 요인뿐 아니라 자신의 육체적 조건이나 그 시점에서의 컨디션까지도 고려되기 마련이고, 한 나라의 대통령을 뽑을 때도 '까닭 없이 얄미운' 자신의 감정까지 고려하기 마련이다. 그럼에도 불구하고 올바른 이성은 사안에 따라 그러한 감정적 요인들이 어느 정도까지 결정에 개입되어야 마땅한지를 포함하여 주어진 선택지들 가운데 지성이 주체적으로 내릴 수 있는 최선의 판단이다. 물론 고려되는 각각의 선택지들은 나름대로 선택될 수 있는 이유가 있고 나름대로 정당화될 수 있는 측면이 있기 때문에 그 중 어느 하나가 필연적으로 다른 것에 우선하지는 않는다. 그렇기 때문에 지성의 최선 판단은 고려되는 여러 요인들과 상황에 따라, 그리고 그러한 것들을 어떤 비중으로 고려하는가에 따라 달라질 수 있다. 그럼에도 불구하고 지성은 나름대로 그 가운데 최선의 것을 선택할 수 있다. 그것은 자장면을 먹을 것인가 짬뽕을 먹을 것인가의 문제처럼 그다지 변별력을 요구하지 않는 사소한 차이일 수도 있지만, 진학을 할 것인지 취업을 할 것인지 혹은 사표를 낼 것인지 말 것인지의 문제처럼 중요한 결과상의 차이를 가져오는 경우도 있다. 최선의 선택이 반드시 최선의 결과를 가져온다는 보장은 없을지라도, 이론적으로든 현실적으로든 최선의 선택 이외에는 달리 최선의 결과를 기대해 볼 방도가 없다.

양심

이제 원래의 문제로 돌아가 보자. 지성의 명령을 따르지 않을 수 있는 데서 의지의 자유가 성립한다고 할 때 지성의 명령은 바로 올바른 이성을 의미한다. 그리고 의지가 그에 반할 수 있는 이유는 이제까지 언급한 것처럼 목적의 관점에서 내려지는 실천이성의 최종판단은 최선일망정 필연적인 것은 아니며, 따라서 다른 판단으로 대치될 수 있기 때문이다.

최선의 판단은 여러 요인을 고려하되 지성이 자신의 욕구, 즉 지적 욕구에 따라 보편적 지식을 적용하는 가운데 주체적으로 내린 판단인 반면, 이러한 판단을 변경하도록 하는 요인은 대부분 지적 욕구에 반하는 감각적 욕구나 충동 때문이다. 다시 말해 목적의 관점에서 수단들 사이의 더 적합함과 덜 적합함에 관한 지성 자체의 숙고에 감각적 욕구나 충동 등을 반영한 의지가 영향을 줌으로써 자신의 욕구에 맞도록 지성의 판단에 변경을 요구할 수 있다. '그래야 한다'고 생각하면서도 그렇게 하지 않는 것은 이러저러한 이유에서 지금은 그렇게 하는 것보다 다르게 하는 것이 좋다는 (또는 그래도 괜찮다는) 판단을 동반하는 것이다.

사실 감각적 욕구나 충동 등은 그저 지성의 명령에 따르는 욕구인 의지의 냉철함과 무미건조함에 비해 대부분의 경우 훨씬 자극적이고 열정적이며 또한 절박하게 다가오기 때문에 이로부터 영향을 받기가 쉽다. 유혹에 약한 것이 인간 아니던가. 더구나 이런 식으로 지성의 최종판단이 수정되는 것은 원칙적으로 보편적 선 판단을 적절히 적용함으로써 이루어진 최선의 최종판단이 그것을 통해 지향하고자 하는 원래의 일반적이고 보편적인 목적을 거스르는 것이지만, 사실상 그 실제 결과가 반드시 목적에 적절치 않다고 판단될 수밖에 없는 수단을 선택하게 되는 것은 아니다. 학생에게 훈계를 할 것인가 매를 때릴 것인가 하는 앞의 예에서, 훈계를 하기로 한 결정을 외면하고 감정적 이유에서 매를 선택할 수 있지만, 사실 '매'라는 수단은 그 학생이 저지른 잘못의 성격, 반복 정도, 훈계를 시도했던 적이 있는가의 여부 및 그 학생의 개인적 성향 등까지를 고려할 때 생각하기에 따라서는 훈계보다도 더 적합한 최선의 것으로 판단될 가능성이 있기 때문에 사후에라도 충분한 변명의 여지가 있는 셈이다. 실천지성의 세심한 숙고에 의해서든 감정이 앞서는 판단에 의해서든 간에 동일한 수단이 선택될 여지는 얼마든지 있고, 그렇기 때문에 감정적 대응이라 하더라도 사후에 나름대로는 최선이었다고 자조 또는 변명이 가능하다.

이러한 변경은 외적으로 드러나는 행위가 아니라 정신 내부에서 일어나는 행위이기 때문에, 어떤 행위가 올바른 이성을 따른 것인지 아니면 그에 어떤 식으로든 수정을 가해 일어난 것인지의 여부는 타인에게 은폐되어 있다. 그러나 행위자 스스로에게까지 은폐되어 있는 것은 아니다. 그렇기 때문에 일상에서 흔히 부딪치는 '그렇게 해야 함에도 불구하고 그렇게 하고 싶지 않다'는 상황은 올바른 이성의 명령과 그것을 다른 판단으로 대치하고 싶어 하는 욕구 사이의 갈등과 충돌의 표현이다. 올바른 이성은 당위로 다가오는 반면, 그것을 변경하려는 것은 매 순간의 현실적이고 실존적인 욕구의 이름으로 다가온다. 이들 사이의 갈등과 선택의 과정을 바라보면서 자신의 행위가 어떻게 이루어진 것인가에 대해 스스로 판단하는 것, 이것이 바로 토마스 아퀴나스가 말하는 양심의 역할 중한 가지다.[16] 양심은 자신의 판단에 대한 판단, 즉 어떤 측면을 강조하느냐에 따라 달라질 수 있는 특수선에 대해 지성의 최선 판단이 어떻게 이루어졌으며, 또 그것이 최종판단으로 이어져 의지에 의해 수용되었는지, 아니면 의지의 개입에 의해 최선 판단이 왜곡되었는지를 바라보는 것이다.

다시 한번 정리해 보자. 지성의 주체적 판단에 의해서든 아니면 의지의 개입에 의해 수정된 판단에 의해서든 간에 인간은 주어진 상황에서 특정한 행위를 하도록 필연적으로 규정되어 있지 않다. 선으로 이해되는 한, 그것이 무엇을 위해 어떤 이유에서 선으로 이해된 것이든 간에 그것을 추구할 수 있다. 그렇기 때문에 인간은 사실상 어떠한 행위일지라도 나름대로는 정당하고 필요하다는 판단하에 선택하여 행위할 수 있는 의지의 자유를 지녔다.

　　원칙적으로 말하면 의지의 자유는 목적에 관계된 것이 아니라 수단의 선택에 관련된 것이다. 하지만 행복 이외의 모든 목적은 동시에 수단으로도 이해될 수 있는 경과목적이기 때문에, 인간이 실제 삶에서 추구하는 구체적 목적들은 모두 목적으로 이해되는 한 그 추구가 필연적이지만, 수단으로 이해되는 한에서는 얼마든지 선택이 가능하다. 의사가 되는 것은 목적으로 추구될 수도 있지만, 의사가 된다고 다 행복해지는 것은 아니지 않느냐고 생각한다면 그것은 목적이 아니라 수단으로 고려되는 것이다. 의사가 되려는 목적하에서는 모든 것이 그에 입각해서 판단되고 선택되지만, 그렇지 않은 경우에는 판단이 달라질 수 있으며, 경우에 따라서는 의사가 되려는 목적에 적합하지 않은 수단에 대한 욕구 때문에 의사가 되려는 목적 자체를 수단화하여 포기할 수도 있다. 어쨌든 동일한 것도 목적으로 이해되는 한 그에 대한 추구는 필연적이지만, 수단으로 이해되는 한 그에 대한 추구는 필연적이 아니라 선택이 가능한 자유의 영역에 속한다.

결국 인간은 무엇을, 어떤 수단에 의해 추구할 것인가에 대해 자기 자신 이외의 그 어떤 것에도 종속되지 않고 스스로의 이해와 판단에 따라 행하는 존재이다. 이것은 인간의 지적 본성에 따르는 필연적 사태이기 때문에 인간은 본성석으로 자유롭다. 이러한 행위방식의 결정은 인간의 내면에서 일어나는 작용이기 때문에 원칙적으로 어떠한 강제나 억압도 불가능하다. 물론 인간의 자율적인 자기 결정은 행위를 목적으로 하는 것이기 때문에 자유로운 선택과 결정에서 완성되는 것이 아니라 실제로 수행되는 외적 행위에서 완성되며, 따라서 외적인 강제나 억압은 의지의 자유 자체를 무력화시키는 것은 아니되 그에 따르는 자기실현을 좌절시키는 것이고, 그런 의미에서는 자유의 완성에 대한 억압이므로 여전히 중요한 테마인 것은 분명하다. 이 관점에서는 자유가 그 자체로서 하나의 가치로 부각될 수도 있다.

그러나 외적인 강제나 억압이 곧 자유의 완전한 상실을 의미하는 것은 아니고, 나아가 강제나 억압이 없다고 해서 자유와 관련된 문제가 완전히 사라지는 것은 아니다. 자유는 인간적 행위방식에 붙여진 이름으로서 인간이 결코 벗어날 수 없는 필연적 사태이기에, 보다 더 중요한 것은 인간이 자신의 행위를 통해 무엇을 추구할 것인가, 무엇을 위해 자신의 자유로운 행위를 이끌어 갈 것인가 하는 것, 즉 무엇을 위한 자유인가(freedom for)의 문제다.

도덕성

    인간은 현실적으로 불가능한 것을 제외하고는 좋다고 판단한 모든 것을 '할 수 있는' 존재지만, 그렇다고 해서 '모든 것을 해도 무방한' 것은 아니다. 바로 여기에 도덕성의 문제가 있다. 모든 것을 할 수 있음에도 불구하고 그 가운데 어떤 것이 선택되어 추구되는 이유는 그것이 선으로 이해되었기 때문이며, 어떤 것이 선으로 이해되는 이유는 그것이 어떤 목적에 적합한 것으로 판단되기 때문이라는 앞에서의 논의에 비추어 볼 때, 인간적 행위는 항상 추구되는 목적에 적합한 방식으로 이루어져야 한다는 당위성―필연성이 아니라―을 지닌다. 목적이 무엇이든 간에, 그 목적에 대한 적합성 여부에서 최선을 판단하는 것은 바로 올바른 이성이기 때문에 인간은 현실적으로 올바른 이성에 따르지 않을 수 있음에도 불구하고 그에 따라야 한다는 당위성을 지니는 것이다. 주어진 상황에서 올바른 이성을 왜곡하거나 거스르지 않고 그에 따르는 것, 이것이 바로 토마스 아퀴나스가 말하는 도덕성이다.[17]

    흔히 도덕성이라고 하면 사회적 규범에의 순응을 생각하기 쉽지만, 토마스 아퀴나스는 도덕성의 기준이 외부의 규범적 질서나 법적 질서가 아니라 우선적으로 올바른 이성, 즉 자신의 지성에 의한 최선의 판단에 있다고 본다. 이것에의 순응 여부는 외부로 드러나지 않기에 사회적 제재의 직접적 통제를 받지는 않지만, 자신의 판단을 판단하는 양심의 눈초리에서는 벗어날 수 없기 때문에 스스로에 의해 제약된다. 행위를 하는 데 있어서 불확실성에 따르는 불안감이 있다면 그것은 올바른 이성의 최선성이 목적-수단 관계의 필연성을 담보하지 못한다는 데 대한 인식에서 비롯되는 것일 수 있지만, 불편함이 따른다면 그것은 대체로 올바른 이성에 따라야 한다는 당위성을 외면한 데 대한 양심의 시선 때문이라고 할 수 있다. 양심에 거스르는, 즉 도덕적이지 못한 행위는 자신이 이해하는 한에서 최선에 따라 행하지 않는 것이기 때문에, 그리고 행위에 대한 최선의 판단이 그 행위를 통해 성취하고자 하던 원래의 목적에 위배될 수 있는 것이기 때문에, 결국 자기 자신의 삶 전체를 최선으로 인도하는 것과는 거리가 멀어진다. 자신이 할 수 있는 한에서 최선을 다해 자신의 삶을 최선으로 인도하기 위해서는 도덕적이어야만, 다시 말해 올바른 이성에 의지가 순응하는 방식으로 행해야 하는 것이다. 그로 인해 어떤 결과가 나올 것인지의 여부와는 별도로 그렇게 자신의 삶을 영위해 나아가는 사람이 소위 '좋은 사람'인 것이다.

결국 마음대로 할 수 있되 마음대로 해서는 안 된다는 것이 인간의 인간적 행위에 있어서 자유와 도덕성이 의미하는 동전의 두 측면이다. 도덕성의 '마땅히 그래야 함'이라는 당위성은 자유의 '그렇게 하지 않을 수도 있음'을 전제한다. 이 모두가 인간의 지적 본성에 기인한다. 자유와 도덕성은 모든 인간이 단지 인간이라는 종에 속하는 구성원이라는 이유만으로 지니게 되는, 인간의 지적 본성의 두 측면이다. 모든 인간은 본성

적으로 자유롭게 자신을 규정해 나가는 존재이기 때문에 바로
그러한 존재로서, 즉 자기 목적적 존재로서 대우되고 존중되어
야 하며, 각자는 자신을 포함한 모든 인간이 바로 그러한 존재
라는 것을 인식하는 한 자신의 그러한 앎에 따라 다른 모든 인
간을 자기 목적적 존재로 대우하고 존중해야만 한다. 인간의
존엄성과 자기목적성 역시 인간은 지적 본성에 따라 자유롭게
행한다는 사실과, 자유롭게 행하되 도덕적으로 행해야 한다는
당위성에 의해서만 그 진정한 의미를 획득하는 것이다.

신 앞이라서 자유로운 인간?

　실천적 질서와 연관된 인간 본성에 대한 논의가 여기서 끝
날 수 있는 것은 아니다. 자유와 도덕성에 대한 이제까지의 논
의는 습관과 덕-악덕 등에 대한 논의로 이어져야 비로소 인간
에 대한 보다 생생한 이해를 얻을 수 있다. 또한 인간은 본성
적으로 지적이기 때문에 동시에 본성적으로 사회적이기도 하
다는 것이 토마스 아퀴나스의 주장이고 보면, 이제까지 논의
된 본성의 개인적 측면뿐 아니라 본성의 사회적 측면에 대한
논의가 더해져야 마땅하다. 자연법과 실정법 등 법의 이념과
실제에 대한 논의, 개인선과 공동선의 관계 등 인간의 사회적
삶에서 주요 테마가 되는 논의들은 바로 인간의 사회적 본성
과 관련되어 논의되는데, 이들은 단순히 개인의 자유로운 자

기실현에 대한 외부의 규제로서가 아니라 자유롭게 자기실현해 나아가는 인간의 주체적 행위에 대한 외적 원리로서 자리매김되고 있기 때문이다. 그럼에도 불구하고 지적 본성에 입각한 인간 행위의 내적 원리로서의 자유와 도덕성은 여전히 그러한 외적 원리를 고려하기 위해서 뿐 아니라 인간을 인간으로서 이해하는 데 있어서의 출발점이자 가장 기본이 되는 사항임에는 분명하다.

흥미로운 점은, 이제까지의 논의가 철저하게 자신의 삶을 주체적으로 영위해 나갈 것을 요구하는 듯 보인다는 점이다. 자유롭지만 도덕적이어야 한다는, 아무렇게나 할 수 있지만 아무렇게나 해서는 안 된다는 제약은 자아를 실현해 나가는 데 있어서 타율에 순응하라는 것이기보다 스스로의 앎에 순응하라는 자율적 자기 제약에 대한 요구이기 때문이다. 신이 지배하기 때문에 신에 의해 모든 행위를 통제당하고 강요당하는, 그렇기 때문에 신 앞에서 인간성은 억압될 수밖에 없는 그런 세계관과 인간관을 지닌 사상가의 머리 속에서는 나올 법하지 않은 생각이다. 그러나 이것은 분명히 신이 지배하고 다스리는 세계관을 전제하고 있는 중세의 스콜라 사상가 토마스 아퀴나스의 생각이다. 물론 인간에 대한 그의 논의는 행복이라는 인간의 주관적 궁극목적을 넘어서 신이라는 인간의 객관적 궁극목적을 언급함으로써 완성되는 구조를 가졌지만, 그 경우에도 여전히 인간이 자율적으로 자기를 규정하고 자기를 창조해 나가는 존재라는 점에는 변함이 없다. 금욕을 지향하든 쾌락이나 매 순간의 욕구에 충실할 것을 지향하든, 타인에의 헌신을 지향하든 나만의 안위를 지향하든, 신에 대한 헌신을 지향하든 돈에 대한 헌신을 지향하든 간에, 나아가 도덕적이어야만 한다고 생각하든 도덕적일 필요가 없거나 혹은 도덕성 운운하는 것 자체가 무의미하다고 생각하든 간에 그 모든 모습이 인간의 지적 본성에 기인하는 자유로운 자기 규정의 일환임을 토마스 아퀴나스는 말하고 있는 것이다. 인간의 경험에 충실하면서도 단순히 현상에 머무르지 않고 인간 개개인의 고유한 가치를 원리적으로 논증하면서 주장하는 이런 식의 논의는 어쩌면 신이 다스리는 세상을 염두에 두고 있기에 가능한 것일 수도 있다는 생각이 든다. 이보다 더 개방된 사상을 알지 못한다는 것은 필자 개인의 소견에 불과할 수 있겠지만, 적어도 중세의 사상가들로부터 우리가 무엇인가 건질 것이 있다는 것은 사뭇 그럴 듯해 보이지 않는가?

주

1) James Burke, *The Day the Universe Changed*, Little, Brown and Company, 1985, p.32.

2) 형식논리의 아버지로 불리는 아리스토텔레스의 『오르가논』, 즉 논리적 저작들은 중세 초기부터 이미 알려져 있었으며, 중세 교육과정의 근간을 이루던 7자유학예, 즉 3학과(trivium : 문법, 수사, 논리)와 4학과(quadrivium : 대수, 기하, 천문, 음악)에 반영되어 있었다. 그러나 언급된 저서들을 포함하여 아랍세계로 전해졌던 그의 사변철학 저서들은 12세기 이후에야 비로소 서구 그리스도교 세계에 본격적으로 번역, 소개되었다.

3) 사실 앎 자체의 본성에 대한 물음, 즉 앎 혹은 안다는 것이 과연 무엇 혹은 어떤 행위인가 하는 질문은 반드시 제기되어야 하는 것임에도 불구하고 그에 대해 언급하는 경우는 거의 없다. 철학사에는 대체로 올바른 앎과 그른 앎, 알 수 있는 것과 알 수 없는 것 등에 대한 논의가 주류를 이루고 있다. 아마도 추상이론(abstraction theory)을 제시한 아리스토텔레스와 토마스 아퀴나스 정도가 앎이라는 행위 자체의 본성에 대한 규정을 시도한 철학자들이라고 할 수 있다.

4) 본성을 의미하는 영어의 nature는 라틴어 natura에서 유래된 말로서, 이는 '낳다'를 의미하는 동사 nator의 과거분사인 natus에서 유래한 것이며 '낳아 진 것'이라는 말이다.

5) 존재론적으로 한 존재자의 작용방식은 그 존재자의 본성에 의해 결정되지만, 본성이 인간에게 알려지는 것은 오직 그 존재자가 수행하는 작용을 통해서라고 토마스 아퀴나스는 말한다. 존재론적 순서와 인간의 이해의 순서는 정 반대인 것이다. 인간은 지적 본성을 지녔기 때문에 앎이라는 작용을 수행하며, 이에 따라 우리는 인간이라는 종에 속하는 모든 구성원들이 앎의 능력을 지녔다고 이해하지만, 인간이 지적 본성을 지녔다는 존재론적 사실 자체는 지성에 의해 직접적이고 직관적으로 파악된 것이 아니라 인간이 수행하는 작용 가운데 앎이라는 독특한 작용이 있다는 것을 통해 알려진 것

이다. 이에 대해서는 토마스 아퀴나스의 『신학대전』 I, q.76, a.1 참조.

6) 아리스토텔레스는 생명체와 무생명체의 구별을 자기활동성의 유무에서 찾고 있는데, 이는 토마스 아퀴나스를 비롯하여 중세 스콜라 학자들에게, 수용되었을 뿐 아니라 오늘날에도 여전히 유효한 구별이다. 사람이 돌을 던지거나 나무를 깎아 식탁을 만드는 경우처럼 무생명체는 외부의 힘에 의해서만 운동과 변화를 할 수 있는 반면 생명체는 스스로 활동할 수 있다는 점에서, 다시 말해 운동과 변화의 원리를 내재하고 있다는 점에서 무생명체와 구별된다. 생명체이던 것이 자기 활동성을 완전히 상실할 경우를 죽었다고 하는데, 이는 생명체로서 존재하기를 그친 것이다. 원래 생명체에 속하는 존재자들도 자기활동성의 유무에 따라 삶과 죽음, 존재와 비존재가 구별되는 것이다. 그런데 목이 잘리는 등의 극단적인 경우도 있지만 간밤에 숨을 거둔 경우도 있듯이, 죽음의 순간을 전후하여 생명체의 삶과 죽음은 단순히 육체적 조건의 변화에만 의존하는 것은 아니다. 따라서 육체적 조건이 동일함에도 불구하고 생명체의 삶과 죽음을 말하기 위해서는 육체적 조건과 무관한 자기활동성의 원리를 말할 필요가 있었으며, 이를 아리스토텔레스는 '영혼'이라 명명했다. 다시 말해 아리스토텔레스에서 비롯되어 토마스 아퀴나스로 이어지는 영혼 개념은 오늘날 우리가 막연하게 표상하는 것과는 달리 생명체의 '삶의 원리'이자 '자기활동성의 원리'를 의미한다. 이들에게 영혼을 지녔다는 것은 곧 자기 활동성을 지녔다는 의미이자 살아 있다는 것이다. 즉, 생명체로서 존재한다는 의미이고 영혼이 없다는 것은 외부의 힘에 의해서만 움직여질 수 있다는 것, 따라서 죽었다는 것을 의미한다. 자연히 이들에게는 인간에게 영혼이 있는가 하는 식의 물음은 제기되지 않는다.

7) 토마스 아퀴나스, 『신학대전』 I, q.14, aa.1~2 ; J. Maritain, *The Range of Reason*, New York : Charles Scribner's Sons, p.12 참조.

8) 아리스토텔레스는 『니코마코스 윤리학』에서 "선이란 모든 것이 추구하는 것이다"라는 유명한 명제를 남겼는데, 이는 '선이기 때문에 추구된다' 혹은 '추구되는 모든 것은 선의 관점에서 추구된다'는 의미이지, 추구되는 것이 모두 진정한

의미에서의 선이라는 의미는 아니다. 반면에 오늘날 일부에서는 추구하는 모든 것 혹은 원하는 모든 것은 좋은 것 또는 선으로서의 정당성을 지닌다고 주장하는데, 이럴 경우 선악의 문제는 단지 호오(好惡)의 문제가 되며, 참된 의미에서의 가치론이나 윤리학은 그 근거를 상실하게 된다.

9) 토마스 아퀴나스, 『신학대전』 I, q.82, a.3.

10) 토마스 아퀴나스, 『신학대전』 I, q.83, a.1, c ; I-II, q.1, a.1, c.

11) 인간의 자유가 단지 외적 강제나 억압의 부재라는 조건의 충족에서 성립하는 것이라면, 그 행위가 자율적인가의 여부와는 무관하게 자유를 말할 수 있게 되며, 인간의 행위가 스스로에 의해서가 아니라 본성에 따라 필연적으로 규정된 행위라 할지라도 자유를 말할 수 있게 되고, 그렇게 수행된 행위가 설령 남의 행위에 대한 외적 강제나 억압으로 작용하더라도 그것은 규정된 바에 따르는 행위일 뿐 남의 자유에 대한 부당한 침해라고 '도덕적으로' 비난받을 수는 없게 된다.

12) 토마스 아퀴나스, 『신학대전』 I-II, q.1, a.4, c.

13) 토마스 아퀴나스, 『진리에 대하여』 q.22, a.6, ad5.

14) 토마스 아퀴나스, 『신학대전』 I-II, q.94, a.4, c.

15) 토마스 아퀴나스, 『신학대전』 I-II, q.12, a.2, c 참조.

16) 토마스 아퀴나스가 말하는 양심의 본래적 의미는 실천적 질서에서의 제1원리를 구체적이고 특수한 사례에 적용하는 지성의 추론과 판단을 의미한다. 따라서 앞에서 언급된 올바른 이성이란 바로 양심의 올바른 추론을 의미한다. 하지만 동시에 양심은 그러한 자신의 판단이 과연 제대로 실행되는지, 그리고 그 실행의 결과는 어떠한지 등에 대해서도 판단하는 지성의 작용이다. 그가 말하는 양심의 의미에 대해서는 『진리에 대하여』, q.17, a.1, c 참조.

17) 토마스 아퀴나스, 『신학대전』 I-II, q.100, a.1, c.

중세는 정말 암흑기였나

초판발행 2003년 8월 30일 | 3쇄발행 2007년 9월 25일
지은이 이경재
펴낸이 심만수 | 펴낸곳 (주)살림출판사
출판등록 1989년 11월 1일 제9-210호

주소 413-756 경기도 파주시 교하읍 문발리 파주출판도시 522-2
전화번호 영업·(031)955-1350   기획편집·(031)955-1357
팩스 (031)955-1355
이메일 salleem@chol.com
홈페이지 http://www.sallimbooks.com

ISBN 89-522-0124-8 04080
      89-522-0096-9 04080 (세트)

값 9,800원